Gunda Schneider

Noch immer weint das Kind in mir

HERDER / SPEKTRUM

Band 4097

Das Buch

Alle haben es gemerkt – und jeder hat geschwiegen. Auch Gunda konnte erst als erwachsene Frau über ihre Erfahrung des Inzests, über die Gewalt, die Stiefvater und Vater ihr angetan haben, sprechen. Gundas Erfahrungen zeigen, was in einer Frau vorgeht, die sexuelle und körperliche Gewalt erlitten hat, welche Gefühle sie hat, wie sie Schwierigkeiten langsam überwindet. Die Lehrer, die Nachbarn, die Menschen, die Gunda begegnen, verschließen die Augen vor dem Offensichtlichen. Die Autorin nimmt die Leserin, den Leser mit hinein in ihre Geschichte. Sie macht sensibel für das, was in unserer nächsten Nähe tagtäglich passiert. Und sie zeigt, daß es nur eine Hoffnung gibt: Menschen zu begegnen, die den schlimmen Erfahrungen Hoffnung und ganz konkrete Hilfe entgegensetzen.
Das Nachwort schrieb Irene Johns. Sie ist Leiterin des Kinderschutzzentrums in Kiel und hat langjährige Erfahrung in der Arbeit mit Inzestbetroffenen. Sie beschreibt ausführlich die Lage der betroffenen Frauen und weist auf Möglichkeiten der Therapie und Verarbeitung hin. Sie bestätigt, was Gundas Geschichte zeigt: Über Inzest zu sprechen scheint inzwischen einfacher geworden zu sein – aber den Betroffenen wirklich zuzuhören, sich einzulassen auf ihre Geschichte, zuzugeben, daß diese Erfahrung überall, in jeder Schicht von Frauen gemacht wird – das erschüttert immer wieder.

Die Autorin

Gunda Schneider hat für diese Veröffentlichung ein Pseudonym gewählt. Sie lebt mit ihren zwei Kindern als alleinerziehende Mutter in einer westdeutschen Stadt.

Von Irene Johns, die das Nachwort schrieb, erscheint bei Herder/ Spektrum ein Sachbuch: Zeit alleine heilt nicht. Was wir wissen müssen, um sexuell mißhandelten Kindern zu helfen (Band 4216).

Gunda Schneider

Noch immer weint das Kind in mir

Eine Geschichte von Mißbrauch, Gewalt und neuer Hoffnung

Mit einem Nachwort von Irene Johns

Herder

Freiburg · Basel · Wien

Originalausgabe

3. Auflage

Alle Rechte vorbehalten – Printed in Germany
© Verlag Herder Freiburg im Breisgau 1992
Herstellung: Freiburger Graphische Betriebe 1993
Umschlaggestaltung: Joseph Pölzelbauer
Umschlagfoto: © Péter Timár, Zwischenmahlzeit am Nachmittag
ISBN 3-451-04097-2

Ich widme dieses Buch meinem Arzt, Dr. Bosch, dem besten Freund, den ich je hatte, und M. M., der Sozialpädagogin, der ich den Anfang für mein neues Leben zu verdanken habe.

Aus Rechtsgründen und zu meiner eigenen Sicherheit habe ich alle Namen und Ortsbezeichnungen geändert.

Inhalt

Denn das Kind in mir weint noch immer

Ich war nicht ungeschickt. Doch heute wage ich zu behaupten, daß meinen Lehrern oder unseren Nachbarn die Lügen meiner Eltern, ich sei vom Fahrrad gefallen oder die Treppe hinuntergestürzt, ganz recht waren. Fiel es ihnen so doch leichter, die Augen zu verschließen, wenn sie meine blauen Flecke und Blutergüsse sahen. Wer wollte es schon mit Polizei, Jugendamt und Zeugenaussage wegen Verdacht auf Kindesmißhandlung zu tun haben?

Im übrigen hatte ich die Erfahrung gemacht, daß alle Versuche Außenstehender, mit meinen Eltern zu reden, mir nur neue Prügel einbrachten. Versuchte ein Lehrer, der auf meine Verletzungen und Verhaltensstörungen aufmerksam geworden war, meine Eltern zur Rede zu stellen, bekam er zur Antwort, ich sei schwer erziehbar und aufsässig. Meine Eltern waren perfekte Schauspieler. In Gegenwart anderer spielten sie die glückliche Familie – dabei konnten sie sich sogar überwinden, meine Wange zu tätscheln – und stellten mich als bösartigen Tolpatsch dar.

Ich habe Angst vor der Erinnerung, sie verfolgt mich wie ein Schatten. Ich kann diesem Schatten nicht entrinnen und muß versuchen, mit ihm zu leben.

Ich wurde am 30. Mai 1961 geboren. Noch in der Klinik wurde ich auf die Namen Gunda Yvonne getauft. Gleich nach der Taufe brachte man mich als unehelich geborenes Kind in ein Säuglingsheim in der Nähe meiner Geburtsstadt Frankfurt. Mit vier Jahren hatte ich außer Milchflasche und Brei keine andere Nahrung kennengelernt, und mein Wortschatz beschränkte sich auf Kopfnicken und Kopfschütteln. Ich war ein kleines, zierliches Mädchen mit grünen Augen und blonden Locken. Sicher hatte ich, wie wohl jedes andere Kind in diesem

Heim, das starke Bedürfnis nach Liebe und Geborgenheit. So freute ich mich sehr, als das Heim 1965 geschlossen und ich meiner leiblichen Mutter und deren Mann zugesprochen wurde. Als ich geboren wurde, war meine Mutter zwar verheiratet, aber ihr Mann war nicht mein Vater.

Ungewollt schwanger

Die Ehe meiner Mutter war nach fünfzehn Jahren immer noch kinderlos. Siegfried, ihr Mann, war Alkoholiker und verbrachte seine Freizeit mehr in Kneipen als zu Hause. Meine Mutter war eine attraktive Frau, stolz und selbstbewußt. Sie genoß es, bei Tanzabenden und Parties im Mittelpunkt zu stehen. So auch an jenem Abend, als sie einen netten jungen Mann kennenlernte, der keinen Tanz mit ihr ausließ. Obwohl ihr bewußt war, daß dieser Mann in Begleitung seiner schwangeren Frau war, ließen Alkohol, Musik und Lebenshunger beide alles um sich herum vergessen. Sie wußten, es sollte sich nie mehr wiederholen, und sie würden sich danach nie mehr wiedersehen. Doch es kam anders. Nach vier Monaten hatte meine Mutter die schreckliche Gewißheit. Sie war schwanger. Eine Welt schien für sie zusammenzubrechen. Was sollte sie tun? Was würden die Leute sagen? Wie sollte sie es ihrem Mann erklären? Alles in ihr stellte sich gegen dieses werdende Kind. Sie verbarg die Schwangerschaft und faßte den Entschluß, gleich nach der Geburt den Säugling fortzugeben. Ihr Plan schien perfekt. Sie brachte das Kind zur Welt, übergab es einem Säuglingsheim, ließ sich scheiden und heiratete gleich darauf einen fünf Jahre jüngeren Mann. Friedrich, ihr zweiter Mann, wußte von dem Kind, doch beide waren sich sicher, damit nicht mehr konfrontiert zu werden. Vier Jahre später kam Maria, ihr erstes gemeinsames Kind, zur Welt. Nun waren sie stolze Eltern einer kleinen Tochter, und nichts schien ihr Glück zu bedrohen. Bis ich an jenem Tag vor der Türe stand.

Scheinbar eine ganz normale Familie

Der Herbst war angebrochen. Die Blätter der Bäume hatten sich bunt verfärbt. Es war friedlich und warm. Einige Mütter waren mit ihren Kindern in den nahegelegenen Park spaziert, um die schöne Jahreszeit auszunutzen und noch ein paar Sonnenstrahlen einzufangen. Ich lebte nun seit einer Woche bei meiner neuen Familie. In unserem Haus, das in einer kleinen Nebenstraße eines Viertels lag, in dem es noch keine Hochhäuser und Supermärkte gab, wohnten vier Familien, ältere Eheleute und Rentner. Wir bewohnten die Dachgeschoßwohnung, in der es sich meine Eltern gemütlich eingerichtet hatten. Das Kinderzimmer war hell und freundlich. Eine ganz normale Familie in einer ganz normalen Wohnung – so schien es.

Doch manch einen mag es verwundert haben, daß vor der Wohnungstüre im Flur ein kleines Kinderbettchen stand. Hier befand sich mein kleines Reich. Wie man einen Hund in den Zwinger sperrt, so hatte man mich im Hausflur einquartiert, während meine kleine Schwester ihr eigenes Kinderzimmer hatte. Ich weiß nicht mehr, wie oft ich dort die Nächte verbrachte, mir ist nur das ständige An und Aus des Flurlichtes in Erinnerung geblieben. Die Haustüre klappte auf und zu, es war kalt, und ich muß mich dort sehr einsam und verlassen gefühlt haben. So störte ich den Hausfrieden mehrmals durch lautes Geschrei. Sicher veranlaßte dies meine Eltern, mich irgendwann in die Wohnung aufzunehmen. Mein Bett stand nun in einer Ecke des Wohnzimmers, hinter einer großen spanischen Wand versteckt. Von diesem Tag an sollte der Alptraum erst richtig beginnen.

Ob es am Stimmengewirr aus dem Fernseher, am Licht oder dem Zigarettenqualm lag, weiß ich nicht mehr. Doch ich werde meine erste Nacht hinter dieser spanischen Wand nie vergessen. Ich konnte nicht einschlafen. Schluchzend stand ich in meinem Bett, streckte die Ärmchen aus und wartete darauf, daß man mich in den Arm nahm und tröstete. Nach wenigen Minuten stand meine Mutter vor mir. Doch ich wurde nur mit einem unsanften Ruck auf den Rücken gezwungen und ermahnt, nun endlich still zu sein. Ich brüllte lauthals drauflos, enttäuscht, zornig und übermüdet. Plötzlich stand mein Stiefvater vor mir, packte mich und schlug zu.

Diese schmerzliche Erfahrung sollte sich noch oft wiederholen, bis ich mit sechs Jahren das erstemal an einer schweren Bronchitis erkrankte. Wir waren inzwischen umgezogen und lebten nun in einer größeren Drei-Zimmer-Wohnung. Maria und ich teilten uns ein Zimmer, zusammen mit einem Wellensittich und einem Meerschweinchen. Sie war nun zwei Jahre alt und hatte schnell begriffen, daß sie der Mittelpunkt der Familie war. Meine Erkältung hingegen wurde kaum beachtet. Man hatte mich sehr gut im Griff, ein Schlag, und ich traute mich nicht mehr, zu widersprechen oder Wünsche anzumelden. So schleppte ich meine Bronchitis Tag für Tag mit mir herum, magerte ab und wurde immer schwächer. Ich hatte schmerzhafte Schluckbeschwerden, hustete ständig und fühlte mich elend. Bald konnte ich nur noch in meinem Bett liegen und fieberte vor mich hin, bis endlich ein Freund meines Stiefvaters, den ich liebevoll Onkel Franz nannte, darauf bestand, mich zum Arzt zu bringen. Also wurde ich in Decken gewickelt, zum nächsten Arzt gefahren und landete noch am gleichen Tag im Krankenhaus.

Im Krankenhaus

Da lag ich nun in einem großen Zimmer zusammen mit zwei anderen Mädchen. Es war hell und freundlich in diesem Krankenhaus, die Krankenschwestern trugen kleine Häubchen auf dem Kopf und gaben sich große Mühe, mir die Angst vor dieser unbekannten Welt zu nehmen. Gleich am nächsten Tag wurden meine Mandeln entfernt. Als ich aus der Narkose erwachte, saß das größere der beiden Mädchen vor meinem Bett und hielt meine Hand fest in der ihren. Claudia, das andere Mädchen, hockte in ein Buch vertieft auf seinem Bett. Die Nähe meiner Bettnachbarin tat mir gut und beruhigte mich, ich war müde und dankbar. Mein Hals schmerzte, und ich spürte großen Durst, doch die Narkose war noch so stark, daß ich bald wieder einschlief. Ich träumte von meiner Mutter, die mich im Arm hielt und mir liebevoll über die Haare strich. Lautes Stimmengewirr riß mich aus dem Schlaf. Es war Abend geworden und der Raum voll mit Besuchern. Mütter und Väter hatten sich an die Betten ihrer Kinder gesetzt, spielten mit ihnen, lachten und machten ihnen Mut. Ich fühlte mich sehr einsam und hatte Sehnsucht nach meinen Eltern. Doch es kam niemand. So verging eine lange Woche, und der Tag meiner Entlassung war gekommen. Ich war furchtbar aufgeregt und konnte es kaum erwarten, Vater und Mutter wiederzusehen. Erwartungsvoll saß ich in einem großen Wartesaal, rutschte ungeduldig auf meinem Stuhl herum und beobachtete die großen Zeiger der weißen Uhr, die mir gegenüber an der Wand hing. Aus einem Lautsprecher klang leise Musik, und eifrige Krankenschwestern rannten von einem Krankenzimmer ins andere. Nach und nach leerte sich der Saal, ein Kind nach dem anderen wurde von strahlenden Eltern abgeholt, und glückliche Augen und freudige Gesichter ließen mich zurück. Wo blieben meine Eltern? Warum holte mich niemand ab? Hatten sie mich vergessen? Ich verstand die Welt nicht mehr.

Liebloser Empfang

Erst spät am Abend erschien ein Bekannter meiner Familie und brachte mich nach Hause. Es schien, als kehrte ich von einem Nachmittag auf dem Spielplatz zurück, als wäre ich nur für ein paar Stunden weg gewesen. Ich wurde sofort ins Bett geschickt. Ich sehnte mich so sehr nach den netten Kranken-schwestern zurück. Wie lieb und besorgt waren sie um mich! Jetzt erst wurde mir bewußt, daß ich die ganze Woche hindurch keine Angst vor den Schlägen meines Stiefvaters zu haben brauchte, daß ich in diesem Krankenhaus die Anteil-nahme und Geborgenheit erlebt hatte, die ich so vermißt hatte. Was hätte ich gegeben für die Rückkehr in dieses Krankenhaus, doch nun war ich wieder zu Hause und mußte mit meinen Eltern zurechtkommen.

Vergebliche Anstrengung

Am nächsten Tag erwachte ich niedergeschlagen und mit starken Halsschmerzen. Es war bereits hell, die Sonne schien ins Zimmer, und ich hörte Gelächter und das unbeschwerte Geplapper meiner kleinen Schwester. Was hatte meine Mutter immer gesagt? Ich sei ihnen eine Last, und sie verwünsche den Tag, an dem ich geboren wurde. Natürlich, das war des Rätsels Lösung! Ich bereitete ihnen keine Freude, ich mußte mich mehr anstrengen! Von nun an wollte ich immer folgsam und fleißig sein. Entschlossen stand ich auf, zog mich an und beschloß, nur noch Freude zu bereiten. Meine Mutter und Maria hatten inzwischen die Wohnung verlassen, sie waren wohl einkaufen gegangen. Das war meine Chance. Eifrig begab ich mich in die Küche, räumte das Frühstücksgeschirr ab, schüttelte im Schlafzimmer die Betten auf und wischte den Staub von den Regalen. Wie würde sich meine Mutter freuen, ich konnte ihre Rückkehr kaum erwarten. Hastig legte ich im Wohnzimmer die Morgenzeitung zusammen und nahm den gefüllten Aschenbecher in die Hand, um ihn auszuleeren. Es war ein großer, schwerer Aschenbecher – meine kleinen Hände konnten ihn kaum halten. Gerade hatte ich ihn in die Küche balanciert, als eine Tür ins Schloß fiel. Ich erschrak und vergaß für einen Augenblick den Aschenbecher. Er fiel mit lautem Knall auf den Steinboden und zerbrach in viele Scherben. Entsetzt starrte ich auf den Boden. Was hatte ich getan? Minutenlang wußte ich nicht, was ich tun sollte. Ich stand da und konnte nur noch erleichtert feststellen, daß es die Türe des Nachbarn war, die zugefallen war. Es blieb mir also noch Zeit, mein Mißgeschick zu beheben. Schnell kehrte ich die Scherben auf eine Schaufel, lief hastig zur Balkontüre, öffnete sie und warf die Scherben über das Balkongeländer auf die Wiese. Danach stellte ich Schaufel und Besen an ihren Platz und betete, daß meiner Mutter das Fehlen des Aschenbechers nicht auffallen würde.

Ich setzte mich in mein Zimmer und schaute in ein Buch. Die Zeit schien endlos lang. Endlich hörte ich, wie Maria und meine Mutter heimkamen. Nichts rührte sich. Sie waren in der Küche. Auch beim Essen fiel kein Wort über den Aschenbecher, ich fühlte mich wieder sicherer und war stolz auf die Arbeit, die ich getan hatte. Meine Mutter schien zufrieden mit mir zu sein, und ich war selig. Ja ich durfte sogar am Nachmittag mitgehen zur Freundin meiner Mutter. Ausgelassen spielten Maria und ich mit der Tochter der Freundin im Garten. Wieder zu Hause half ich meiner Mutter, das Abendbrot herzurichten. Auch beim Abendessen fiel kein Wort über den Aschenbecher. Ich war überglücklich über den friedlichen Verlauf dieses Tages. Krankenhaus, Halsschmerzen und der lieblose Empfang waren vergessen. Ich war wieder zu Hause bei meiner Familie und genoß den Frieden. Müde lag ich an diesem Abend in meinem Bett und glaubte, nun würde alles anders werden. Plötzlich öffnete sich die Türe, und ich wurde von meinem Vater aus dem Bett gezerrt und ins Wohnzimmer gestoßen. „Wo ist der Aschenbecher!" schrie mich meine Mutter wütend an. Ängstlich zuckte ich mit den Achseln. „Wo ist der Aschenbecher!" hörte ich diesmal meinen Vater schreien. „Ich weiß nicht", flüsterte ich und trat einen Schritt zurück. „Bitte nicht hauen, Papa, ich wollte nichts Böses tun", bettelte ich und hob schützend die Hände vor mein Gesicht. Mein Vater hielt mit hartem Griff meine Hand fest und schüttelte mich unsanft. „Gunda", drohte er, „wo ist der Aschenbecher?" – „Ich, ich habe ihn fallen gelassen", stammelte ich, „er ist im Mülleimer." – „Da ist er nicht", schimpfte meine Mutter, „wo hast du ihn hingetan?" – „In den Mülleimer", log ich verzweifelt weiter. „Wenn du nicht sofort die Wahrheit sagst, schlage ich dich windelweich!" brüllte mein Stiefvater und schlug mir ins Gesicht. Ich war völlig erschöpft und gab laut weinend zu, daß ich den Aschenbecher auf die Wiese geworfen hatte. „Zieh dein Nachthemd aus!" befahl eine wütende Stimme. Erbarmungslos schlugen Vater und Mutter auf mich ein und schrien: „Du unnützes Weibsbild, dir wird das Lügen vergehen!" Ich hörte nicht mehr auf die Worte, ich fiel auf den Boden, rollte mich zusammen und ließ die Prügel über mich ergehen, ohnmächtig, mich dagegen zu wehren. Mit blutender Nase und Striemen am Körper wurde ich irgendwann ins Bett geschickt und ermahnt, bloß keinen Mucks von mir zu geben, da Maria bereits schlief. Ich hatte keine Tränen mehr. Starr lag ich in meinem Bett. Würde ich doch nie mehr aufwachen!

Meine Halbschwester Maria

Die Zeit verging. Maria war nun drei Jahre alt. Sie hatte sich zu einem verwöhnten, kleinen Mädchen entwickelt, das keine Sekunde von der Seite seiner Mutter wich. Obwohl sie mich ständig unter Druck setzte, indem sie ihren Willen durch kräftiges Schreien durchsetzte und ich ihretwegen manche Schläge ertragen mußte, liebte ich sie innig. Ich bewunderte sie, schien sie doch all das Liebenswerte an sich zu haben, das mir fehlte. Sie war intelligent und machte ihren Eltern Freude. Maria hing sehr an den Eltern, und wenn sie nicht bei ihnen sein konnte, klebte sie förmlich an mir. Wo ich hinging, Maria war dabei. Die Prügel, die ich bekam, wenn Maria sich verletzte oder ungerecht behandelt fühlte, gehörten für mich zum Alltag. Ich hatte gelernt, damit umzugehen. Nur nachts sehnte ich mich nach Liebe und Geborgenheit und weinte meine Wünsche in mein Kopfkissen. Am Tag war ich unsicher, ernst und ängstlich. Maria war von alldem das Gegenteil – und ich versteckte mich hinter ihr. Waren wir einmal nicht zusammen, hatte ich das Gefühl, als fehle ein Teil von mir – das Gegenteil. Wir hingen sehr aneinander. Ich drehte Maria nachts sogar fürsorglich die Bettdecke um, wenn es ihr zu warm wurde. Sie schlief daraufhin friedlich weiter, während ich für den Rest der Nacht voller Sehnsucht an die Decke starrte. Ich wurde eingeschult. Von Anfang an war ich eine schlechte und unaufmerksame Schülerin. Sollten wir das Schreibheft hervorholen, malte ich in mein Rechenheft. War Rechnen an der Reihe, schwatzte ich mit meiner Nachbarin. So war es kein Wunder, daß am Ende des Schuljahres in meinem Zeugnis stand: „Gunda ist unaufmerksam, schwer zu lenken und muß im Rechnen fleißig üben." Ich machte mir nichts daraus, auch die Schläge, die es dafür gab, nahm ich gelassen hin. Ja ich genoß es sogar, auf diese Weise zu einer auffallenden Schülerin geworden zu sein. In der zweiten Klasse konnte ich bereits schreiben und hatte Spaß daran, phantasie-volle Geschichten zu erfinden. Dafür erntete ich manches Lob. Am liebsten dachte ich mir Familiengeschichten aus, in denen ich das Lieblingskind, der Mittelpunkt war.

Folgenschwerer Irrtum

Als es an der Zeit war, das Schreiben mit dem Füller zu lernen, und wir bald alle stolze Besitzer eines Füllfederhalters waren, fühlte ich mich den Erwachsenen einen großen Schritt näher. Dies war für mich um so wichtiger, als ich Probleme hatte, Kontakte zu meinen Schulkameraden zu finden. Ich fühlte mich ihnen unterlegen und sonderte mich ab. Mein Füller wurde mir so wichtig, daß ich es nicht ertragen konnte, daß Dagmar, eine Schulkameradin, die vor mir saß, scheinbar einen größeren Füller hatte als ich. Warum hatte Dagmars Füller so ein langes, silbernes Ende, während meiner kürzer war und in einfachem Grün endete? Mit jedem Tag wurde der Wunsch in mir größer, auch solch einen schönen, großen Füller zu haben. Meine Eltern wagte ich nicht zu fragen. Ich hatte nie gelernt, Wünsche auszusprechen. So kämpfte ich tagelang mit mir und überlegte, wie ich mir meinen sehnlichsten Wunsch erfüllen könnte. Ich wollte doch auch so viel wert sein wie andere. Eines Tages verließ ich nach dem Pausenzeichen als letzte das Klassenzimmer. Sehnsüchtig fiel mein Blick auf jenen Füller, und ehe ich mich versah, hatte ich ihn in der Hand. Blitzschnell ließ ich ihn in meiner Schultasche verschwinden und legte meiner Schulkameradin mein altes Schreibgerät auf den Tisch. Natürlich wurde mein Diebstahl entdeckt, und ich wurde vom Schuldirektor zur Rede gestellt. Ich verstrickte mich in unzählige Lügen, gestand dann aber doch unter Tränen meine Tat.

Die folgende Nacht verbrachte ich schlaflos, aus Angst, meine Eltern könnten davon erfahren. Ich wußte, der Rektor würde mit ihnen reden, er hatte es mir angedroht. Kein Mensch weiß, was ich in dieser Nacht und an dem darauffolgenden Tag für Ängste ausgestanden habe. Am nächsten Tag wurde ich von meinen Eltern so verprügelt, daß ich mit gebrochenem Nasenbein, Prellungen und Blutergüssen am Boden liegen blieb. Ich konnte in den nächsten Tagen nicht die Schule besuchen, und am dritten Tag eröffnete mir meine damalige Klassenlehrerin, daß Dagmars Füller die gleiche Länge hatte wie meiner. Sie hatte nur die Hülse auf das Ende geschoben. Es gab niemanden, dem ich mich anvertrauen konnte. Meine nächtlichen Unterhaltungen mit meinem Kopfkissen reichten bald nicht mehr aus. Wohl suchten einige meiner Lehrer das Gespräch mit mir, doch ich war mißtrauisch und verschlossen. Damals – ich war acht Jahre alt –

entdeckte ich das Schreiben als ein Mittel, mit meinen angestauten Sehnsüchten, meinen Ängsten und Schmerzen umzugehen. Heimlich hatte ich mir eine Taschenlampe besorgt und schrieb, die Bettdecke über den Kopf gezogen, auf, was ich niemandem sagen konnte. Danach fühlte ich mich erleichtert und konnte friedlicher einschlafen.

Ein Auszug aus meinem ersten Tagebuch:

„Heute habe ich Geburtstag, aber die haben mich alle vergessen. Die Birgit und die Renate haben mir gratuliert, aber sonst hat es keiner gemerkt. Ich habe gedacht, die Mama und der Papa sind heute lieb, aber der Papa hat mich ausgeschimpft, weil ich den Aschenbecher nicht sauber gemacht habe. Heute abend habe ich vergessen, dem Papa das Bett auf die Couch zu legen, aber der Papa hat mich noch nicht gehauen. Da war ich aber froh. Ich war auch ganz arg fleißig, aber die Treppe war nicht richtig sauber. Da hat der Papa gesagt, ich bin ein Schwein und so blöd, daß ich keine Treppe putzen kann. Dann habe ich die Treppe noch mal geputzt, aber nur einmal. Die Mama hat gesagt, daß das eine Schweinerei ist, und dann habe ich sie noch mal putzen müssen. Dann waren sie wütend auf mich, und wo ich mir den Schlafanzug anziehen wollte, haben sie mir überall hingehauen. Jetzt bin ich ganz rot, und den Kopf habe ich mir auch angehauen, weil ich unter das Bett kriechen wollte. Der Papa hat mir den Arm verbogen, jetzt tut mir alles weh. Ich will so gerne, daß sie mich liebhaben, ich muß immerzu weinen, aber die haben gesagt, ich soll still sein, sonst kracht's noch mal. Die Maria darf wieder bei der Mama und dem Papa im Bett schlafen, da ist es bestimmt schön. Warum haben die die Maria mehr lieb als mich? Bestimmt, weil sie nicht so böse ist wie ich. Mama hat gesagt, sie wäre froh, wenn ich nicht da wäre, und der Papa hat gesagt, da ist sie selber schuld. Und dann haben sie gestritten, weil ich da bin. Ich habe doch Geburtstag, da freuen die sich gar nicht. Ich habe Durst, aber ich gehe lieber nicht raus, sonst werden sie wieder böse. Gute Nacht."

Wollte mich heute jemand davon überzeugen, daß ein achtjähriges Kind noch nicht fähig ist, an Selbstmord zu denken, würde ich entschieden widersprechen. Wenn ich heute in meinen Tagebüchern blättere, sehe ich, wie sehr ich schon als Kind mit diesem Gedanken gespielt habe.

Nachdem ich mein Halbjahreszeugnis der zweiten Klasse nach Hause gebracht hatte, wurde es zu Hause immer schlimmer für mich. Meine Noten in Deutsch und Musik waren zwar ausgezeichnet, doch in Mathematik und Erdkunde stand ich um so schlechter da. Nun sollte ich erst erfahren, zu welcher Gewalttätigkeit meine Eltern fähig waren. Bisher beschränkten sich die Schläge, die ich bezog, auf zwei- bis dreimal in der Woche. Von nun an gab es kaum einen Abend mehr, an dem ich nicht wimmernd und erschöpft am Boden oder unter dem Bett liegend zurückblieb.

Ich hatte große Schwierigkeiten, das Einmaleins zu lernen, und auch für die Bestimmung der Länder und Städte konnte ich mich nicht interessieren. Dadurch hatten meine Eltern wieder einen scheinbaren Grund, ihre Aggressionen gegen mich ungebremst auszuleben. Kaum hatte ich mich abends an den Tisch gesetzt, hörte ich meinen Vater schon fragen: „Was ist 13 x 8? Was ist 399 : 21?" Natürlich wußte ich nie die Antwort darauf. Ich war in der zweiten Klasse der Grundschule und hatte das Rechnen in diesen Größenordnungen noch gar nicht gelernt. Doch das interessierte weder meinen Vater noch meine Mutter. Sie fragten weiter: „Sag uns die Hauptstadt von Japan? An welchem Fluß liegt Regensburg? Welches Land grenzt an Rumänien?" Für jede falsche Antwort gab es einen Hieb ins Gesicht, bis ich schließlich vom Tisch gewiesen wurde und die Fragen im Kinderzimmer zu lösen hatte. Gelang es mir tatsächlich herauszufinden, wie viele Einwohner Paris hatte und wieviel 23 x 19 ist, erntete ich dafür statt Lob und Abendbrot weitere für mich unlösbare Aufgaben und verbrachte so keinen Abend mehr beim gemeinsamen Abendessen. Und während der ganzen Zeit mußte ich damit rechnen, daß mein Stiefvater ins Zimmer kommen und sich in seine bekannte hemmungslose Wut steigern würde.

Meine schulischen Leistungen wurden so immer schlechter, und mein Tagebuch füllte sich mit verzweifelten Hilferufen und Berichten über Schläge mit Kabeln, Stöcken, Büchern und Bügeleisen.

„Heute war ich Schlitten fahren. Das war lustig. Die Birgit ist vom Schlitten gefallen, aber sie hat sich nicht weh getan. Auf einmal habe ich so dringend aufs Klo müssen, und dann habe ich in die Hose gemacht. Aber es hat niemand gesehen. Ich habe so schnell in die Hose gemacht, daß ich gar nicht so schnell heimgehen konnte. Das ist einfach rausgelaufen, und die Mama hat mich ausgeschimpft und gesagt, daß sie das dem Papa sagt. Der Papa hat mich dann gesucht, weil ich habe mich versteckt, weil ich so Angst gehabt habe. Dann habe ich zur Strafe nichts zum Essen gekriegt, und die Mama und der Papa haben gesagt, ich muß mich ausziehen, und dann haben sie mich mit dem Kabel vom Bügeleisen gehauen. Sie haben mich da getroffen, wo sie mir gestern mit dem Kochlöffel draufgehauen haben. Das hat so weh getan, und die haben gar nicht aufgehört. Ich will lieber nicht mehr leben, die haben auch gesagt, das wäre besser, weil sie mich sowieso nicht liebhaben. Wenn die Mama und der Papa das sagen, tut mir der Bauch weh. Ich will so gerne, daß sie mir auch einen Kuß geben und daß ich auch gestreichelt werde wie die Maria. O Mama, komm zu mir. Gell, liebes Tagebuch, du hast mich lieb. Ich glaube, ich habe die Mama und den Papa auch nicht lieb. Die haben mich ja auch nicht lieb, bloß die Maria. Heute kann ich wieder nicht schlafen, weil ich muß immer weinen und mit meinem Kopfkissen schmusen, und ich kann nicht gut liegen, weil das weh tut. Wenn ich mit dem Kopfkissen schmuse, dann denke ich immer, daß das die Mama ist oder der Papa. Aber ich glaube, wirklich spürt sich das ganz anders an. Wenn ich

weinen muß, denke ich immer, wenn jetzt die Mama kommen würde, das wäre schön. Ich will mal ganz todkrank werden, dann hätten sie mich bestimmt mehr lieb. Jetzt muß ich schon wieder weinen, da kann ich dir gar nicht richtig schreiben. Gell, du bist mein Freund."

Eines Tages fing ich an, mich in der Schule zu verstecken, im Keller einzuschließen oder mich in den Straßen oder alten Gebäuden herumzutreiben. Ich hatte Angst, nach Hause zu gehen. Wenn ich heimkam, lief ich, ohne nach rechts oder links zu sehen, in mein Zimmer, kauerte mich in die Ecke meines Bettes und betete, man möge mein Erscheinen nicht bemerkt haben und mich in Ruhe lassen. Ich aß nichts mehr, magerte ab und wurde krank. Nichts konnte mich freuen, keine Puppe, keine Spiele, keine Bücher. Ich saß nur noch da, lachte nicht mehr, weinte nicht mehr und wollte nur noch sterben.

Aus Angst wird Zorn

So beschloß ich eines Tages, alle Tabletten, die ich finden konnte, zu schlucken. Es war nicht schwer, eine größere Menge bunter Pillen zusammenzubekommen, mein Stiefvater war krank und hatte die verschiedensten Arten von Tabletten und Tropfen in einer Schublade gelagert. Bald meinte ich, die ausreichende Menge gesammelt zu haben, und schloß mich im Badezimmer ein. Ohne zu zögern, spülte ich Unmengen von Herz-, Kreislauf- und Schlaftabletten herunter. Es passierte nichts. Ich spürte zwar eine unangenehme Ruhelosigkeit, wurde müde und schwindelig, doch die ersehnte Bewußtlosigkeit trat nicht ein. So saß ich schon längere Zeit auf dem Rand der Badewanne und überlegte, ob ich noch Mutters Putzmittel schlucken sollte, als plötzlich die Türklinke gedrückt wurde und eine ungeduldige Stimme mich aufforderte, die Türe zu öffnen. Schweren Herzens erhob ich mich und wankte zur

Türe. Meine Mutter registrierte wohl mein blasses Aussehen, doch ging sie nicht näher darauf ein, sondern füllte die Waschmaschine mit der Arbeitskleidung meines Stiefvaters. Ich verzog mich ins Kinderzimmer und legte mich wortlos ins Bett. Wenn ich schon nicht sterben sollte, würde ich vielleicht schwer krank werden. Dann würden sich meine Eltern vielleicht endlich um mich kümmern.

Am Abend kam mein Stiefvater nach Hause. Er hatte von einem Arbeitskollegen ein paar alte Skistöcke mitgebracht und stellte sie zwischen Kinder- und Schlafzimmertüre ab. Wie jeden Abend entledigte er sich seiner Kleidung, zog seinen Schlafanzug über und ließ sich seine Bettdecke auf die Wohnzimmercouch bringen. Von dort aus erteilte er seine Befehle, sei es den Fernseher einzuschalten oder den Aschen-becher zu bringen. Ich erwartete, daß er mir wieder unlösbare Aufgaben stellen würde, doch er zog es vor, damit bis zum Abendbrot zu warten. Wie an jedem Abend saß ich in meinem Zimmer, während die Familie lachend am Tisch saß und aß. Meine Übelkeit hatte sich gelegt, und ich ahnte, daß ich auch an diesem Tag nicht vom Jähzorn meines Vaters verschont bleiben sollte. Zudem wußte ich, daß er nach dem Essen seine Tabletten verlangen würde und ich die Schublade völlig geleert hatte. Wann würde er es merken? Was sollte ich sagen? Ich brauchte nicht lange zu warten. Da Maria damals erst vier Jahre alt war und ihr sowieso keine Unarten zugetraut wurden, fiel der Verdacht sofort auf mich. Ich hatte keine Gelegenheit, mich zu rechtfertigen. Wortlos ließ ich die Schläge über mich ergehen und versuchte, Schutz unter meiner Bettdecke zu finden. Ich spürte nichts mehr, keine Schmerzen und keine Angst. Statt dessen stieg ein neues, bisher unbekanntes Gefühl in mir hoch – Zorn. Ich wurde plötzlich so zornig, daß ich aufstand und mit meinen kleinen Fäusten in den Bauch meines Stiefvaters schlug. Ich boxte und schlug und schrie in einem fort: „Ich hasse euch, ich hasse euch!" Zuerst waren meine Eltern sprachlos und rührten sich nicht. Dann aber sprang mein Stiefvater zur Türe, nahm den Skistock in die Hand und schlug zu. Ich fiel zu Boden und kam so unglücklich auf, daß mein rechtes Bein an der Bettkante hängenblieb. Der Skistock bohrte sich in mein Knie und blieb stecken. Er hatte sich rechts vom Knie durch meine Hose ins Fleisch gebohrt, und seine Spitze schaute oberhalb des Knies wieder heraus. Ich blieb ohnmächtig am Boden liegen.

Nur ein Alptraum!

Wie lange sie mich so liegen ließen, weiß ich nicht. Als ich die Augen wieder öffnete, war es dunkel. Vorsichtig tasteten meine Hände zu der Taschenlampe, die ich unter meiner Matratze versteckt hielt. Maria lag nicht in ihrem Bett, und der Skistock war auch verschwunden. Mein rechtes Knie war verbunden. Die Wunde schien noch immer zu bluten, denn der Verband war rot und naß. Vorsichtig versuchte ich, mich aufzurichten, doch ich konnte mein geschwollenes Bein nicht beugen und hatte starke Schmerzen. Ich versuchte mich zu erinnern und hatte Mühe, meine Gedanken zu ordnen. Alles erschien mir wie ein Alptraum. Vorsichtig zog ich an dem kleinen Teppich, der vor Marias Bett lag, um ihn mir unter den Po zu schieben. Es war kalt auf dem Boden, und ich fragte mich, warum man mich zwar verbunden, aber nicht ins Bett gelegt hatte. Wo war Maria? Wo waren meine Eltern? Die Zimmertüre war geschlossen, und ich konnte keinerlei Geräusche hören. Eigentlich war ich froh darüber – ich verspürte nicht das Verlangen, Vater oder Mutter in meiner Nähe zu haben.

Am nächsten Morgen fand ich mich halb unter dem Bett liegend auf dem Boden wieder. Ich hatte vor Schmerzen kaum schlafen können. Jetzt, als es hell wurde, wurde der Schmerz erträglicher. Ich hatte herausgefunden, daß ich mein Knie nur ganz ruhig halten mußte und es nicht bewegen durfte. Es mußte ungefähr 6.00 Uhr gewesen sein, im Badezimmer hörte ich Wasser laufen, Marias piepsiges Stimmchen trällerte aus der Küche, und ich lauschte auf das bekannte und verhaßte Husten meines Stiefvaters, der sich wohl zur Arbeit richtete. Kaum unterdrückte ich meine Angst, die Türe könnte ich öffnen, als er auch schon eintrag. „Wie geht's dem Bein?" fragte er, ohne mich dabei anzusehen. Ich war gerührt, nie zuvor hatte er sich um mein Befinden gekümmert. Wärme durchflutete mich. Plötzlich tat er mir unsagbar leid, was hatte ich ihm angetan? So antwortete ich mit dem schönsten Lächeln, das ich über die Lippen brachte: „Gut geht's, tut gar nicht weh." – „Dann steh auf, sonst verpaßt du den Bus!" erwiderte er und wollte das Zimmer verlassen. „Papa", rief ich ihm hinterher, „bist du noch böse auf mich?" – „Meinst du, du hast das verdient?" antwortete er knapp und verschwand aus dem Zimmer. Er war also doch noch böse auf mich – natürlich, ich war ein böses und schlechtes Kind. Für jeden Zentimeter meines kleinen Körpers, für jede Sekunde, die ich anderen zumutete, meine Gegenwart zu ertragen, begann ich mich zu schämen. Wo sollte ich nur hingehen? Gab es irgendeinen Platz auf der Welt, wo ich nicht lästig und im Weg war? Seufzend nahm ich alle Kraft zusammen, um mein Bein so zu lagern, daß ich aufstehen konnte. Jede Bewegung tat höllisch weh, doch ich schaffte es und humpelte, meine Hose in der Hand, ins Bad, um zehn Minuten später die Wohnung zu verlassen. Der Weg zur Bushaltestelle schien mir endlos weit, jeder Schritt trieb mir Tränen in die Augen, doch irgendwie schaffte ich es, in die Schule zu kommen. Erschöpft ließ ich mich sofort in die Schulbank fallen. Meine Klassenka-meraden schwatzten, kicherten und rannten um die Tische herum, doch ich legte meinen Kopf in die Hände, und das Stimmengewirr entfernte sich und erschien mir bald nur noch wie leises, dunkles Raunen aus dem Hintergrund.

Plötzlich zuckte ich zusammen. Mein Mathematiklehrer hatte seine Hand auf meine Schulter gelegt und schüttelte mich sanft. „Gunda, was ist denn los?" hörte ich ihn fragen. „Nichts", antwortete ich ängstlich. „Wie siehst du denn aus, Kind?" vernahm ich wieder, und seine besorgte Stimme tat mir unbeschreiblich gut. Ich fing laut an zu weinen und brachte kein Wort mehr heraus. Ich nahm nichts mehr um mich herum wahr, weder das Kichern meiner Mitschüler noch die Worte meines Lehrers. Ich wollte nur noch weinen, weinen, weinen. Ich fühlte mich nach oben gehoben, spürte, daß ich getragen wurde, und hörte die Stimmen meiner Lehrer. Sanft wurde ich auf eine Liege gelegt und zugedeckt. Kurze Zeit später fuhr mich eine Lehrerin zu einem Arzt und ließ mich auch im Behandlungszimmer nicht aus den Augen. Ich hatte bis dahin kein Wort gesprochen. Erst als ich aufgefordert wurde, mich auszuziehen, fand ich die Sprache wieder. Ich versuchte mit allen Kräften zu verhindern, daß man mir den Pullover über den Kopf zog. Ich hatte fürchterliche Angst und glaubte, man würde mich beschimpfen oder ins Gefängnis stecken. Damals glaubte ich tatsächlich, daß die Spuren der Mißhandlung auf meinem Körper ein Zeichen dafür waren, daß ich ein böses Kind sein mußte. Vor Angst hatte ich sogar mein Knie vergessen. Erst als ich wegrennen wollte, verriet mein schmerzverzerrtes Gesicht und mein Humpeln, daß ich verletzt war. Ergeben zog ich ein Hosenbein aus und ließ es von dem Arzt begutachten. Während er den Verband entfernte, schaute er abwechselnd mich, das Knie und die Lehrerin an. Ich wußte, er würde fragen, wie das passiert sei, und ich legte mir in Gedanken eine Antwort zurecht. Doch er fragte nicht, er schaute nur stirnrunzelnd meine Lehrerin an, schüttelte den Kopf und versorgte die Wunde. Danach ließen sie mich alleine, ich glaubte noch immer, etwas ganz Furchtbares angestellt zu haben. Minuten später kamen beide zurück und führten mich zum Auto. Nachdem der Arzt sich freundlich verabschiedet hatte, fuhr meine Lehrerin los. Sie schlug die Richtung ein, in der unsere Wohnung lag, und ich spürte Angst in mir aufsteigen. Ich hatte Angst davor, daß die Lehrerin mich nach oben begleiten würde, hatte ich doch schon früher die Erfahrung gemacht, daß mir Unterredungen mit meinen Eltern nur eine Extra-Portion Prügel einbrachten. Zudem fühlte ich mich schuldig an der schlechten Atmosphäre zu Hause und wollte Vater und Mutter nicht noch mehr Ärger machen.

Als wir vor der Haustüre standen, bedankte ich mich hastig und wollte die Treppe hinaufeilen. Aber mein Knie behinderte mich stark, und ich konnte meiner Lehrerin nicht entkommen. So mußte ich mich von ihr begleiten lassen und glaubte, mein Herzklopfen sei schon oben in der Wohnung zu hören. Gleich würde sich die Türe öffnen, eine verstellte Stimme würde mich scheinbar freundlich empfangen, die Lehrerin hereinbitten und von Fahrradstürzen und meinem schrecklichen Benehmen, das solche Sorgen mache, erzählen. Die Lehrerin würde sich verabschieden, mir noch zuwinken und mich meinem Schicksal überlassen. Meine Eltern würden mir vorwerfen, wie schlecht ich sie nach außen hinstelle und daß es eine Frechheit sei, zu behaupten, ihre Strafen für mich wären unangemessen. Danach würde es Schläge geben. Diese Gedanken schossen mir durch den Kopf, während ich mich die Treppe hinaufschleppte, die Lehrerin an meiner Seite. Rechts wohnte Familie Böhm, links Familie Keller, um die Ecke eine Treppe weiter, stand Franz Mehl an der Wohnungstüre und Familie Kraft auf der anderen Seite. Dann standen wir endlich vor jener Türe, hinter der Dinge geschehen sind, die mir heute wie Alpträume erschienen und die mich ein Leben lang verfolgen werden. Meine Lehrerin drückte auf die Hausglocke. Die Türe öffnete sich.

Mein Stiefvater stand vor uns. Zuerst fiel ein prüfender Blick auf mich, doch im selben Augenblick verzog sich sein Gesicht zu einem freundlichen Lächeln. „Aber bitte, kommen Sie doch herein." Hastig humpelte ich zum Kinderzimmer und setzte mich auf mein Bett. „Guten Tag, Herr Sauer, ich bin Frau Kramer, Gundas Religionslehrerin. Ich habe Gunda nach Hause begleitet, sie hat ein verletztes Bein und kann schlecht laufen." – „Das ist nett von Ihnen", antwortete meine Mutter, die dazugekommen war. „Ja, dann noch einen schönen Tag und tschüs, Gunda!" rief Frau Kramer im Weggehen. Was war das? Keine Fragen, wie das passiert war, keine gefürchtete Unterredung – nichts? Das verstand ich nicht. Aber ich war froh und erleichtert über den Ausgang dieses Gesprächs. Hunger meldete sich an, ich ging in die Küche. Es roch nach Linsensuppe. Drei Teller standen bereits auf dem Tisch. „Krieg' ich auch was zu essen?" fragte ich etwas unsicher meine Mutter, die gerade den Topf von der Herdplatte nahm. „Du ißt im Kinderzimmer", wies mich meine Mutter mit gleichgültiger Stimme an. „Wegen dir habe ich schon genug mitgemacht, und gestern hast du es zu weit getrieben. Ich hatte die ganze Nacht Kopfschmerzen, immer gibt's nur Ärger mit dir, verschwinde ins Kinderzimmer." Sie hatte recht, ich verursachte ständig Unruhe in der Familie. Saß ich alleine im Zimmer, konnte ich von dort aus beobachten, wie gut sich meine Eltern und Maria verstanden, sie lachten, schmusten und spielten miteinander. Doch sobald ich dazukam, veränderte sich die Atmosphäre. Es mußte an mir liegen. Ich hatte Mitleid mit ihnen und wünschte mir, ich könnte sie von mir befreien. Doch ich war da, in voller Lebensgröße, und nun konnte man meine Gegenwart nicht einmal mehr beim Essen ertragen. Mit dem gefüllten Teller in der Hand schlurfte ich durch den langen Flur in mein Zimmer. Ich hatte verstanden.

Während des Essens dachte ich noch einmal über den

kurzen Auftritt meiner Lehrerin nach. Etwas seltsam kam mir das Ganze schon vor. Nachdem ich beobachtet hatte, wie der Arzt und meine Lehrerin Blicke wechselten, war ich überzeugt gewesen, sie hätten alles durchschaut. Hatte ich mich getäuscht? Nahm ich mich zu wichtig? Gab es überhaupt etwas zu durchschauen? War nicht alles normal? Bekam nicht jedes Kind ab und zu Schläge? Außerdem ging es mir doch gut, ich hatte heute noch keine Prügel bekommen, vielleicht würde sich ja doch noch alles zum Guten wenden. Wenn nur das nervöse Kribbeln im Bauch nicht gewesen wäre, die ständige Angst davor, meinen Eltern unter die Augen zu treten. Der Tag war noch nicht vorüber, was sollte noch kommen? War es nur die Ruhe vor dem Sturm?

Maria war die erste, die ins Kinderzimmer kam. Sie setzte sich auf den Boden und zog ihre Puppen aus. Die Suppe war kalt geworden. Ich legte den Löffel zur Seite und spielte mit meiner Schwester. Friedlich saßen wir auf dem Boden und tauschten unsere Puppenkleider aus, wobei ich ständig darauf achtete, Maria als erste wählen zu lassen, um einem Streit aus dem Weg zu gehen. So mochte wohl eine Stunde vergangen sein, als meine Mutter vorwurfsvoll fragte, ob ich es nicht für nötig erachtete, mein Geschirr in die Küche zu stellen. Ich stand auf und stellte folgsam den Teller auf die Spüle. „Mama, darf ich rausgehen?" fragte ich vorsichtig und erntete ein gleichgültiges „Mach, was du willst!" Also zog ich mir eine Jacke über und verschwand. Ich hatte ein kleines abgelegenes Grundstück zu meinem Lieblingsspielplatz erkoren und hielt mich oft den ganzen Nachmittag dort auf. Eigentlich war es kein schöner Platz zum Spielen, aber ich liebte ihn, weil ich mir dort einbildete, daß ich ganz alleine auf der Welt wäre. Nur ganz selten kam hier jemand vorbei, so konnte ich mich ungestört mit mir selber beschäftigen. Erst als ich merkte, daß es dämmerte, trat ich den Rückweg an. „Kommst du auch mal wieder heim?" bemerkte meine Mutter kurz. An diesem Abend holte ich mein Tagebuch aus meinem Versteck und schrieb: „Heute bin ich nicht gehauen worden, aber die Mama und der Papa haben mich trotzdem nicht lieb. Frau Kramer hat mich heimgebracht und nichts gesagt wegen dem Doktor. Vor Morgen habe ich Angst, ich mag am liebsten nicht in die Schule gehen, die lachen mich bestimmt alle aus. Aber daheim will ich auch nicht bleiben."

„Wir schauen schon lange zu"

Mit einem unguten Gefühl in der Magengegend kam ich am nächsten Morgen zum Unterricht. Wir hatten Deutsch, ich liebte dieses Fach. Mitten im Unterricht wurde ich zum Rektor gerufen. Zaghaft klopfte ich an die große Türe des Sekretariats. Die Sekretärin öffnete mir und führte mich augenzwinkernd in das Zimmer von Herrn Lang. Dieser gab mir freundlich die Hand. „Gunda, du brauchst jetzt keine Angst zu haben. Gleich kommen ein paar Leute vom Jugendamt, sie sind sehr nett und wollen sich nur ein bißchen mit dir unterhalten." Zwei Frauen und ein Mann traten ein und nahmen mir gegenüber Platz. Sie lächelten mir freundlich zu. Ich saß auf einem großen Sessel und spielte nervös mit meinen Fingern. Was wollten diese Menschen von mir? Würden sie mich jetzt bestrafen? Fragend schaute ich zu Herrn Lang. Dieser schien meine Unsicherheit zu spüren. „Das sind Frau Lustig, Frau Schmidt und Herr Wiedemann, sie wollen dir nichts Böses tun, beantworte nur ihre Fragen." Frau Lustig wandte sich mir zu. „Gunda, schau mich mal an. Ich bin eine Sozialarbeiterin vom Jugendamt, und ich will dir helfen, wir alle wollen dir helfen. Du brauchst keine Angst zu haben, ich verspreche es dir." Langsam versuchte sie, meine Hand in die ihre zu legen, doch ich lehnte mich voller Angst in meinen Sessel zurück. Mißtrauisch sah ich den Schulleiter an. „Wie alt bist du denn, Gunda?" fragte Frau Lustig weiter. „Acht", antwortete ich knapp. „Gehst du gerne in die Schule?" Ich nickte mit dem Kopf. „Erzähl uns doch mal, welches Fach du am liebsten hast." – „Deutsch und Musik." – „Hast du gute Noten?" Ich schüttelte mit dem Kopf. „Welches Fach magst du denn überhaupt nicht?" – „Rechnen." – „Hast du Geschwister?" – „Ja, eine Schwester." – „Wie alt ist sie denn, und wie heißt sie?" Erstaunt blickte ich auf, warum fragte sie mich das alles? „Maria, sie ist vier Jahre alt." Ich rutschte nervös auf dem Sessel hin und her. „Magst du Maria?" Ich nickte mit dem Kopf. „Erzähl mir ein bißchen von zu Hause. Hast du ein eigenes Zimmer, und spielst du viel mit deiner kleinen Schwester?" – „Nein." – „Magst du mir nichts erzählen? Warum denn nicht?" Ich gab keine Antwort. „Gunda, du brauchst dich nicht zu fürchten", schaltete sich Frau Schmidt ein. „Sag uns nur, ob du gerne zu Hause bist." Ich schwieg. „Hast du denn Angst vor uns?" fragte Frau Schmidt. Ich nickte mit dem Kopf. „Aber warum denn? Wovor hast du denn Angst?" – „Der Papa schimpft sonst mit mir." Ich kniff den Mund zusammen. „Haut er dich?" – „Nein." – „Und die Mama?" – „Nein." Ich sah, wie Herr Wiedemann ratlos den Kopf schüttelte. „Gunda, ich glaube, du schwindelst uns an. Wir wissen, daß du verhauen wirst, wir wollen dir helfen. Willst du jetzt lieber nach Hause gehen?" Ich schüttelte energisch den Kopf. „Na also, warum gehst du nicht gerne heim?" Ich hob die Achseln und starrte auf den Fußboden. „Gunda, sieh mich mal an, na komm schon, schau mich an. Was ist mit deinem Bein passiert, warum hast du ständig blaue Flecken? Komm, sag es mir", bat Frau Lustig und schaute mich teilnahmsvoll an. „Nein." – „So kommen wir nicht weiter", entschieden die drei vom Jugendamt und nickten sich einstimmig zu. „Gunda, zieh mal deinen Pulli aus, bitte." – „Nein!" schrie ich und zitterte am ganzen Körper. „Ich will nicht! Laßt mich!" Doch Frau Lustig schob den Ärmel meines Pullovers zurück und schaute vielsagend zu ihren Kollegen. „Wenn das kein Beweis ist." Sie strich mir übers Haar. „Kleine Gunda, komm mit uns mit. Du bekommst ein schönes

Zimmer und lernst viele kleine Kinder kennen. Du darfst bei uns wohnen und brauchst keine Angst mehr vor Mama und Papa zu haben. Es wird dir gefallen." Entschlossen erhob sie sich und nickte Herrn Lang zu. „Du darfst erst mal wieder zurück ins Klassenzimmer", sagte er schwer atmend. Ich spürte, wie sehr ihn das alles mitnahm. Ich fing lauthals an zu weinen. „Geh zu Frau Knecht, Gunda", sagte er leise und führte mich aus dem Zimmer. Die Sekretärin empfing mich freundlich und half mir auf jene Liege, auf der ich schon am Tage zuvor gelegen hatte. „Es wird alles gut, du brauchst nicht mehr zu weinen." Dankbar ließ ich mich von ihr streicheln und spürte, wie mein Zittern langsam nachließ. Tausend Fragen schossen mir durch den Kopf. Würde ich Vater und Mutter nie mehr sehen? Ich konnte es mir nicht vorstellen. Nur lebte ich seit vier Jahren bei meinen Eltern, ich kannte das Haus, die Wohnung, die Gewohnheiten jedes einzelnen Familienmitglieds. Auf einmal sollte ich wieder fortkommen? Ich sah meinen Vater vor mir, wie er mich mit dem Kabel schlug. Ich sah meine Mutter, die gleichgültig dabeistand oder Maria davontrug. Wie würden sie reagieren, wenn ich nicht mehr nach Hause kam? Würden sie sich freuen, oder wären sie vielleicht sogar traurig? Ich sah mein Bett, mein Kopfkissen, in das ich schon so oft geweint hatte. Was würde mit meinem Tagebuch geschehen? Es schien alles so unfaßbar, daß ich nicht wußte, ob ich weinen oder lachen sollte. Plötzlich öffnete sich die Türe, und Frau Schmidt, Frau Lustig und Herr Wiedemann kamen gemeinsam mit dem Schulleiter aus dem Zimmer. „Na Gunda, geht's wieder besser?" erkundigten sie sich. „Du wirst sehen, es wird alles gut." Ich verstand nicht, was sie meinten, denn ich hatte keine Vorstellung davon, was „gut werden" bedeuten könnte. „Wir fahren jetzt zu dir nach Hause und holen deine Sachen. Hast du irgend etwas besonders Wichtiges, was wir dir mitbringen sollen?" – „Mein Tagebuch unter der Matratze", flüsterte ich. Die drei Beamten vom Jugendamt verabschiedeten sich. „Magst du nicht zu deinen Klassenkameraden zurückgehen?" schlug der Rektor vor und nahm meine Hand. Langsam erhob ich mich. Es hatte gerade zur großen Pause geläutet. Viele Kinder rannten wild durch den Pausenhof, andere hatten sich zu Gruppen zusammengestellt und aßen ihr Schulbrot. Alles war wie sonst auch. Es schien, als hätte ich die letzten zwei Stunden in einer anderen Welt verbracht, während meine Mitschüler ihrem normalen Leben nachgingen. Sie nahmen keine Notiz von mir, sie wußten noch nicht, daß dies meine letzte Pause in diesem Schulhof sein sollte. In der nächsten Stunde, wir hatten Religion, hing ich meinen Gedanken nach. Frau Kramer, mit der ich tags zuvor beim Arzt gewesen war, nahm keine Notiz davon. Erst am Ende der Stunde kam sie zu mir und fragte: „Na Gunda, wie geht es dir? Ist alles in Ordnung?" Ich nickte mit dem Kopf. „Ich habe heute zu Herrn Lang müssen." – „Ja, ich weiß, Gunda. Glaube mir, es ist besser so. Wir schauen schon zu lange zu. So kann es nicht weitergehen. Es wird dir gut gefallen in deinem neuen Heim. Besser als zu Hause, und wir besuchen dich alle." Wieder nickte ich und kämpfte erneut mit den Tränen. Da kam Frau Lustig herein und nahm meine Hand. „So, Gunda, wir sind bereit. Pack deine Schulsachen zusammen, und dann fahren wir dich zu deinem neuen Zuhause."

Wieder ein neues Zuhause

Während der Fahrt war ich sehr unsicher und ängstlich, doch meine Begleiter versuchten, mich aufzumuntern, und erzählten mir von dem Haus, in dem ich von nun an wohnen sollte. Ein großer Garten sei davor, mit vielen Bäumen und einer großen Wiese. Im Hause hingen viele Bilder, die von den Kindern gemalt worden waren. Es gäbe dort auch eine Schule und es sei sehr lustig im Heim. In einem großen Hof hielten wir an. Zögernd kletterte ich aus dem Wagen und schaute mich ängstlich um. Hier sollte ich wohnen? Wo war der Garten? Wo waren die vielen Kinder? „Komm mit, Gunda, ich bringe dich zu Fräulein Sigrun. Sie wird dir das Haus zeigen und dir etwas zu essen geben." Frau Lustig führte mich an eine große Türe. Eine große, schlanke Frau öffnete. „Und du bist die kleine Gunda? Willkommen, Kleines, du wirst sicher Hunger haben." Ich reagierte nicht, sondern starrte auf den kleinen Jungen, der neugierig hinter einem Schränkchen hervorlugte. Er lachte und schnitt Grimassen. „Ach, das ist Roland." Fräulein Sigrun war meinem Blick gefolgt. „Roland ist seit einem Jahr bei uns, er ist der Klassenclown aus der fünften Klasse. Roland, komm doch mal her und zeig der kleinen Gunda die Küche. Frau Astloch soll ihr etwas Warmes zu essen geben." Roland schlenderte langsam auf mich zu, dann packte er blitzschnell meinen Arm und zog mich aus dem Raum. „Hast du keine Eltern mehr? Oder sind deine auch immerzu von daheim weg? Meine Eltern haben keine Zeit mehr für mich. Mein Papa ist von meiner Mama geschieden und lebt jetzt in Italien. Meine Mama arbeitet jeden Tag in einer Wirtschaft. Sie hatte keine Zeit mehr für mich. Jetzt bin ich hier." Neugierig sah er mich von der Seite an und fragte: „Warum läufst du so komisch? Bist du hingefallen?" Ich hatte keine Lust zu antworten und humpelte schweigend neben ihm her. Eine große Schar Kinder kam aus einem Seitengang direkt auf uns zugerannt. Sie wurden von einer älteren Dame begleitet und schwatzten und sangen munter drauflos. „Hallo, Roland, wen bringst du uns denn da?" – „Das ist Gunda, die Neue, sie hat Hunger." – „Grüß dich, Gunda, gefällt's dir hier?" fragte die Dame. „Sie ist doch grade erst angekommen", bemerkte Roland und zog mich weiter. Ich war ihm dafür dankbar, denn die vielen kleinen Kinderaugen hatten mich eingeschüchtert, und die ältere Dame war mir nicht sonderlich sympathisch. Wir kamen in eine große Küche. Riesige Töpfe hingen an der Wand, große Stapel von Geschirr standen auf einem noch größeren silbernen Tisch mit Rädern, und kleine flinke Hände räumten die Teller in eine große Spülmaschine. „Wo ist denn das Ästchen?" fragte Roland eines der Kinder. „Die ist im Speisesaal!" schrie eines der Mädchen, denn die Spülmaschine war eben mit lautem Quietschen angelaufen. „Ich komme gleich wieder!" rief Roland mir zu und rannte weg. Ich stand da und wartete, es war mir unbehaglich. Die große Küche, die laute Maschine und die fremden Kinder, alles flößte mir Angst ein. Doch schon sah ich Roland wieder zurückkommen, gefolgt von „Ästchen". Das also war Frau Astloch, ich wunderte mich, warum sie „Ästchen" genannt wurde, denn sie sah eher aus wie ein dicker Baumstamm. In aller Seelenruhe ging sie auf mich zu und gab mir die Hand. „Sabberlott, dich muß ich ja erst mal richtig rausfüttern. Du bist ja nur 'ne Hand voll. Setz dich, ich hab' dir was warmgehalten." Frau Astloch stellte mir einen großen Teller mit Kartoffelpüree und Frikadellen vor die Nase. Es roch appetitlich, und ich aß hungrig den ganzen Teller leer. „So ist's richtig, so wirste was", lobte die Köchin. Ich lächelte schüchtern und stellte mich an die Türe. Roland verstand sofort, was ich wollte. „Magst wieder zu Fräulein Sigrun gehen, gell?" Ich nickte mit dem Kopf, flüsterte „danke" und ließ mich zurückführen. Die Beamten vom Jugendamt hatten bereits das Haus verlassen, ich war enttäuscht und fühlte eine panische Angst in mir aufsteigen. Nun war ich alleine in diesem fremden Haus und konnte nicht mehr zurück. „Hat es dir geschmeckt?" fragte mich Fräulein Sigrun, als sie mich kommen sah. „Frau Lustig und die beiden anderen lassen dich herzlich grüßen, sie haben dir das hier dagelassen." Freundlich zeigte sie auf einen großen Plastiksack. Ich ahnte, daß sich meine Sachen von zu Hause darin befänden. „Ich weiß, es ist ein bißchen viel für dich. Am besten, ich zeige dir dein Zimmer. Wenn du magst, kannst du dich ja ein wenig hinlegen. In zwei Stunden kommt Dr. Braunmüller, er will sich dein Knie ansehen. Schau doch nicht so ängstlich, hier tut dir keiner was Böses", lachte sie und stand auf. „Hier leben immer drei Kinder in einem Zimmer, du bekommst ein besonders schönes Zimmer, und deine Mitbewohnerinnen sind sehr nett." Damit nahm sie meinen Sack in die Hand und forderte mich auf, ihr zu folgen. Im ersten Stock hingen wirklich viele bunte Bilder an der Wand, genauso wie es Frau Schmidt auf der Fahrt hierher beschrieben hatte. Die Türen waren in verschiedenen Farben angemalt und auf den großen bunten Türschildern standen jeweils drei Jungen- oder drei Mädchennamen. „So, da wären wir, das ist dein neues Zimmer." Die Heimleiterin öffnete eine grüne Türe und schob mich sanft in mein Zimmer. Zwei Mädchen saßen an einem runden Tisch. Sie musterten mich von oben bis unten. „Das sind Melanie und Carmen", erklärte Fräulein Sigrun. „Schau, das ist dein Bett. Das kleine Kästchen hier ist dein Nachttischchen, und hier kannst du deine Kleider aufhängen. Die Toilette ist draußen im Gang, rechts vom Waschraum. Hast du sonst noch Fragen?" Sie schien es plötzlich eilig zu haben. Ich schüttelte den Kopf und blieb recht verloren an der Türe stehen. „Jetzt komm halt rein", sagte eines der Mädchen. „Hier beißt dich niemand." Ich blieb stehen, wagte mich keinen Schritt nach vorne. Wo, hatte Fräulein Sigrun gesagt, wo waren die Toiletten? Fluchtartig verließ ich mein neues Zimmer und suchte nach jener Türe rechts vom Waschsaal. Als ich sie endlich gefunden hatte, sperrte ich mich erleichtert in einer der Toiletten ein, setzte mich auf den Schüsselrand und legte meinen Kopf in die Hände. „Lieber Gott, hilf mir, ich habe Angst", betete ich verzweifelt und weinte. „Gunda, wo bist du denn?" rief plötzlich eine aufgeregte Stimme. „Komm, mach auf! Der Doktor will dich sehen." Vorsichtig öffnete ich die Türe. Es war Melanie, die größere meiner beiden neuen Zimmergenossinnen. Kopfschüttelnd nahm sie mich an der Hand und führte mich in ein großes, helles Zimmer.

Dr. Braunmüller war ein vertrauenerweckender, freundlicher Mann. Er wirkte trotz seines weißen Haares ausgespro chen jugendlich. Behutsam stellte er seinen Stuhl neben den meinen und sagte: „So, kleines Fräulein, jetzt ziehn wir dich erst mal aus, den Schlüpfer darfst du anbehalten." Ängstlich schüttelte ich den Kopf und klammerte mich an meinen Stuhl. „Bitte, Gunda, laß mich nicht betteln, du mußt dich ausziehen, ich kann dich doch sonst nicht untersuchen." – „Ich bin aber nicht krank." – „Natürlich bist du nicht krank, aber ich habe gehört, daß du ein verletztes Knie hast, und deine Haut möchte ich auch gerne sehen." Dr. Braunmüller drückte seine Finger auf mein Handgelenk. „Warum bist du denn so aufgeregt? Meinst du, ich will dir weh tun?" Ich schüttelte den Kopf. „Na also", freute er sich. „Dann zieh dich aus, komm, ich helfe dir." Ehe ich wußte, was mit mir geschah, stand ich schon im Schlüpfer vor ihm. „O mein Gott, tut dir das nicht weh?" Er drückte vorsichtig auf die bunten Stellen auf meinem Körper. Ich schaute beschämt zu Boden. „Das gibt's doch nicht", flüsterte er und drehte mich sanft um. Ergeben blieb ich stehen und fragte mich, was er wohl mit seiner letzten Bemerkung gemeint hatte. Sah mein Körper so schlimm aus? Ich war mir dessen nicht bewußt und hatte auch keine Schmerzen. Plötzlich zuckte ich zusammen und hielt meine Hände vors Gesicht. Ich hatte etwas Kaltes, Hartes auf meiner Haut gespürt und glaubte sekundenlang, das Kabel meines Stiefvaters zu spüren. Dr. Braunmüller war genauso erschrocken wie ich. Nachdem er sich wieder gefaßt hatte, sagte er beruhigend: „Alles in Ordnung, Gunda, ich bin's doch nur. Bist du mit solch einem Ding geschlagen worden?" Er zeigte mir sein Stethoskop. Ich schüttelte mit dem Kopf und weinte. „Setz dich hin, Kind, was haben sie dir nur angetan? Weine ruhig, Gunda, das tut dir gut. Ich bin bei dir, komm her." Er versuchte, mich auf den Schoß zu nehmen, doch ich kugelte mich zusammen und schluchzte vor mich hin. Es tat mir gut zu weinen, wenn ich mich auch nicht anfassen lassen wollte. „Gunda, darf ich dein Knie sehen?" Bereitwillig hielt ich dem Arzt mein Bein hin und biß mir auf die Oberlippe, denn es tat sehr weh, als er vorsichtig den Verband löste. „Das sieht auch nicht schön aus, Gunda. Aber das verarzten wir jetzt ordentlich, und dann wird's schon heilen. Wenn du Schmerzen bekommst, sagst du es Fräulein Sigrun. Was haben sie dir denn da reingestoßen? Kannst du es mir sagen?" – „Skistock", gab ich knapp zur Antwort. Dr. Braunmüller schüttelte nachdenklich den Kopf, verband meine Wunde und half mir vorsichtig beim Anziehen. „Gunda, ich gebe dir eine Salbe, reibst du dich damit an den Stellen ein, die dir weh tun? Morgen komme ich wieder, dann verbinden wir dein Knie wieder neu, einverstanden?" Ich nickte und gab dem Arzt dankbar die Hand. Unschlüssig blieb ich stehen. „War noch was?" fragte mich Dr. Braunmüller und sah mich freundlich an. Leise fragte ich ihn, wo ich jetzt hingehen solle. In diesem Moment ertönte ein lauter Gong. Fragend sah ich den Arzt an. „Es gibt Abendbrot, hast du jetzt nicht großen Hunger?" Ungläubig schüttelte ich den Kopf. Abendbrot? Seit meinem letzten Zeugnis hatte ich nicht mehr am gemeinsamen Abendessen teilgenommen. Sollte ich heute wirklich mit am Tisch sitzen dürfen. Dr. Braunmüller führte mich in einen großen Speisesaal. Nun sah ich erst, wie viele Kinder in diesem Haus wohnten. Die meisten schienen älter als ich zu sein. Sie saßen alle an langen Tischen, auf denen kleine Teller, Teekannen, Brotkörbchen und Wurstplatten standen. „Da bist du ja", begrüßte mich Fräulein Sigrun und rief: „Kinder, das ist Gunda! Sie wohnt jetzt bei uns, also seit nett zu ihr und helft ihr ein bißchen." Nachdem ich mir einen Platz ausgesucht hatte, aß ich folgsam ein Wurstbrot und trank einen Kamillentee dazu. Beim Essen beobachtete ich die vielen fremden Menschen um mich herum. Das leise Gemurmel und das Klappern von Tellern und Tassen wirkten beruhigend auf mich. Erst als die ersten Kinder aufstanden und anfingen, den Tisch abzuräumen, spürte ich wieder Angst in mir aufsteigen. Ich fühlte mich einsam und fremd. Unsicher blieb ich sitzen, bis Fräulein Sigrun mir den restlichen Ablauf des Abends erklärte: „Ihr dürft euch noch bis 19.00 Uhr gemeinsam beschäftigen. Manche malen noch ein wenig, andere lesen, viele treffen sich im Fernsehraum, um noch ein bißchen fernzusehen. Von 19.00 Uhr bis 19.30 Uhr kleidet ihr euch um, wascht euch und putzt die Zähne. Um 20.00 Uhr wird das Licht gelöscht. Morgens um 6.00 Uhr werdet ihr von der Heimglocke geweckt. Das weitere erkläre ich dir morgen früh. Melanie hat schon deine Sachen in die Schränke geräumt, du darfst also gerne noch ein wenig herumlaufen und dir das Haus anschauen." Sie zwinkerte mir zu und lief in die Küche. Ich schlich vorsichtig in mein Zimmer. Und schaute mich gründlich um. Mein Bett war frischbezogen, Melanie hatte mir sogar ein Nachthemd auf die Bettdecke gelegt. Ich hob es hoch und wollte meinen Augen nicht trauen. Da lag ja mein Tagebuch. Strahlend drückte ich es an meine Brust. Ich war überglücklich, endlich etwas Vertrautes in diesem fremden Haus zu haben. Ich stopfte es unter die Matratze meines Bettes, nahm das Nachthemd und rannte in den großen Waschraum. Mein Zahnbecher stand schon auf einer großen Ablage über den weißen Waschbecken. Nachdem ich meine Zähne geputzt hatte, rannte ich zurück ins Zimmer. Schnell zog ich mein Tagebuch unter der Matratze hervor, schlüpfte in mein Bett, drehte mich zur Wand und schmiegte mich an das Buch. Ich fühlte mich plötzlich sehr müde und hörte noch von weitem Stimmen und Schritte. Ich schlief ein.

Ein Traum

Ich träumte von meinen Eltern. Wir saßen alle zusammen in einem kleinen Boot, das sehr klein und wackelig war. Weit und breit war kein Land zu sehen. Jedesmal wenn ich mich bewegte, schien das Boot zu kentern. Meine Eltern drohten, mich über Bord zu werfen, falls ich mich noch einmal rühren sollte. Ich konnte aber nicht stillsitzen. So warfen sie mich immer wieder in das kalte Wasser. Ich konnte nur mit großer Anstrengung wieder in unser Boot klettern. Meine Eltern würdigten meine verzweifelten Anstrengungen mit keinem Blick; sie sonnten sich, während Maria mit Schwimmflügeln an den Armen auf dem Boden saß und spielte. Sie stießen mich mit ihrem Paddel zurück. Ich war nahe daran, zu ertrinken, als plötzlich ein größeres Boot auftauchte und eine Hand mich an Bord zog. Ich lag auf einer Liege im Sanitätsraum des Rettungsbootes, als eine laute Glocke ertönte. Der Arzt und die Seemänner, die sich eben noch rührend um mich bemüht hatten, ließen alles stehen und liegen und rannten davon. Ich blieb alleine zurück und schrie und weinte, doch niemand kam zurück. „Laßt mich nicht alleine, helft mir!" rief ich, als sich plötzlich jemand über mich beugte und mich wachrüttelte. „Guten Morgen, Kleines, hast du schlecht geträumt?" fragte Fräulein Sigrun besorgt. „Du mußt aufstehen, die Glocke hat schon geläutet." Mein Traum hatte mich entsetzlich aufgewühlt, ich hatte rote, geschwollene Augen und war naß geschwitzt. Ich mußte duschen, bevor ich mich an den Frühstückstisch setzen konnte. Es gab frische Brötchen mit Marmelade und Honig. Nach dem Frühstück ging ich in das Zimmer von Fräulein Sigrun. Sie hatte mich bereits erwartet und bot mir freundlich einen Stuhl an. „So, Gunda, heute will ich dir erklären, wie der Tagesablauf aussieht. Nach dem Frühstück beginnt der Unterricht, der bis 12 Uhr dauert. Danach habt ihr 15 Minuten Zeit, um euch für das Mittagessen fertig zu machen. Während der Mittagspause von 13 Uhr bis 15 Uhr könnt ihr eure Hausaufgaben machen. Der Nachmittag steht euch frei zur Verfügung. Abendessen gibt es um 18 Uhr. Den Rest kennst du ja. Wir erwarten, daß eure Zimmer immer ordentlich aufgeräumt sind und ihr auf Körperhygiene und saubere Kleidung achtet. So, Gunda, das wär's fürs erste. Jetzt holen wir deine Schulbücher, und dann zeige ich dir deine neue Klasse, ja?" Fräulein Sigrun ging zielstrebig, und ich lief unsicher hinterher.

Wir sitzen alle im gleichen Boot

Mein erster Vormittag in meinem neuen Klassenzimmer hinterließ viele Eindrücke. Zuerst fiel mir auf, wie schön der große Raum mit lustigen Mobiles und bunten Fensterbildern geschmückt war. Mein neuer Lehrer hatte einen vertrauenerweckende, väterliche Ausstrahlung. Meine Mitschüler nahmen sich sofort meiner an, und ich machte zum ersten Male die Erfahrung, in einer Gemeinschaft angenommen und akzeptiert zu werden. Bisher war ich stets Außenseiterin gewesen. Meine ehemaligen Mitschüler hatten mit meinem ernsten, zurückhaltenden Wesen nichts anfangen können. Hier in diesem Heim hatte jedes Kind schon irgendwelche schmerzlichen Erfahrungen gemacht. Keines dieser Kinder war so unbeschwert und fröhlich wie die Kinder außerhalb des Heimes. Wir steckten sozusagen alle im gleichen Boot und mußten darauf achten, daß keiner über Bord fiel. Dabei halfen uns die freundlichen und geduldigen Mitarbeiter des Heimes und auch Dr. Braunmüller.

Die Zeit verstrich schnell. Ich war nun neun Jahre alt und besuchte die dritte Klasse der Grundschule. Bald hatte ich mich eingelebt. Von meinen Eltern kam keine Nachricht. Auch meine ehemaligen Klassenkameraden und meine Lehrer hatten bisher ihr Versprechen, mich zu besuchen, nicht eingelöst. Mein Knie war wieder verheilt, außer zwei großen Narben, die noch heute zu sehen sind, erinnerte nichts mehr an jenes schmerzhafte Erlebnis. Auch meine schulischen Leistungen hatten sich sehr verbessert. Ich entwickelte ungeahnte Fähigkeiten in sämtlichen Unterrichtsfächern und ging schließlich am Ende der fünften Klasse als Klassenbeste hervor. Voller Stolz nahm ich den begehrten Schulpreis für einen Notendurchschnitt von 1,2 entgegen. Auch schon vorher war ich für besonders gute Leistungen ausgezeichnet worden. Damals schien es, als hätte sich mein Leben nun endlich zum Guten gewendet. Doch es sollte nur die Ruhe vor dem Sturm sein.

Meine Lehrer hatten beschlossen, daß ich – aufgrund meiner guten Leistungen – nach den großen Ferien die Realschule außerhalb des Heimes besuchen sollte. Ich war stolz darauf, daß man mir so etwas zutraute. Viele Heimkinder waren, wie jedes Jahr, in den Sommerferien zu Verwandten oder Vater und Mutter gereist. Daher war das Haus fast leer. Ich war eines der wenigen Kinder, die zurück blieben, doch es machte mir nicht so viel aus, da ich es nicht anders kannte. Um so überraschter war ich, als mich Fräulein Sigrun eines Tages fragte, ob ich in den Ferien nicht zu meiner Patentante fahren wollte. Ich wußte nicht so recht. Doch die Möglichkeit, einmal außer Haus Ferien zu machen, lockte sehr. Ich nickte zustimmend. Ich versuchte, mir das Gesicht meiner Patentante vorzustellen. Doch es gelang mir nicht. Ich hatte sie nur einmal gesehen, als ich noch bei meinen Eltern lebte. Das einzige, was ich wußte, war, daß sie Yvonne hieß; ich trug ihren Vornamen hinter meinem Rufnamen: Gunda Yvonne. Ich lebte nun schon zwei Jahre im Heim, in dieser Zeit hatte ich kein Lebenszeichen von meiner Familie erhalten. Es fehlte mir zwar nichts in meinem neuen Zuhause, doch die Sehnsucht nach Geborgenheit in einer Familie steckte noch immer tief in mir. So war ich furchtbar aufgeregt, als ich abgeholt werden sollte. Am späten Vormittag fuhr ein weißes Auto in den Hof, und eine sehr große Frau stieg aus. Sie hatte kurzes Haar und sah ein wenig streng aus. War das Tante Yvonne? Mit gemischten Gefühlen schlich ich aus meinem Zimmer. Da hörte ich auch schon Fräulein Sigrun nach mir rufen: „Gunda, schau, deine Tante ist angekommen, hast du alles fertig?" Zaghaft nickte ich mit dem Kopf, meine Freude und mein Mut hatten mich verlassen. Schüchtern gab ich Tante Yvonne die Hand und sah verlegen zu Boden. „Grüß dich, Gunda, magst du deine Sachen holen? Onkel Klaus wartet schon im Auto auf dich." Onkel Klaus? Sie war also verheiratet? Ich hatte also eine Tante und einen Onkel? Mit einem unguten Gefühl in der Magengegend lief ich in mein Zimmer, um meine Reisetasche zu holen. Der Gedanke, daß ich dieses Haus und Fräulein Sigrun vielleicht nie mehr wiedersehen würde, zuckte mir durch den Kopf. Doch ich konnte nicht mehr zurück. Minuten später saß ich auf dem Rücksitz des Autos. Der Wagen fuhr los, und ich sah noch von weitem die Heimleiterin winkend im Hof stehen. Ich geriet ins Grübeln. Ich war mit einem Auto ins Heim gebracht worden, sollte ich es auch wieder auf diese Weise verlassen? Zu oft – dreimal in zehn Jahren – hatte ich mein Zuhause wechseln müssen. Auch im Heim hatte ich mich zwar oft unter den vielen Kindern allein gefühlt, doch es war mir dort klargeworden, daß auch ich etwas leisten konnte. Ich hatte mich akzeptiert gefühlt. Schweigend saß ich hinter meiner Patentante und starrte aus dem Fenster. Vier Stunden später hielten wir vor einem großen Haus, das mit einem zweiten, etwas kleineren Gebäude verbunden war, an. Eine mit Teppich bezogene Treppe führte in eine große helle Wohnung. Alle Türen waren weiß gestrichen – dadurch wirkte alles sehr kalt auf mich. Mißtrauisch sah ich mich um, hier sollte ich nun meine Ferien verbringen. „Setz dich doch, Gunda", forderte mich mein Onkel auf. „Tante Yvonne geht schnell rüber und holt Margot." Margot? Wer war das nun schon wieder? Ich haßte es, unter lauter fremden Menschen zu sein, ich hatte Angst vor ihnen. Bisher war nur die Rede von meiner Patentante gewesen, dann kam ein Onkel dazu und jetzt auch noch Margot? Doch meine Bedenken wurden zerstreut, als ich ein kleines, dickliches Mädchen auf meinen Onkel zurennen sah. Ach, das war Margot, ein kleines Mädchen! Nein, davor brauchte ich mich nicht zu fürchten. Margot nahm gleich meine Hand und führte mich in ein riesiges Zimmer. Dort stand ein lebensgroßes Schaukelpferd, und rundherum waren die verschiedensten Spielsachen verstreut. In einer Ecke des Zimmers stand ein Kinderbett, und daneben lag eine Matratze mit frischbezogenem Bettzeug. Ich war begeistert – so viele Spielsachen auf einem Haufen hatte ich noch nie gesehen. Eine sorgenfreie Zeit begann. Ich hatte mich schnell mit der kleinen Margot angefreundet, sie erinnerte mich an Maria. Während ich immer noch ein ernstes und zurückhaltendes Wesen hatte, war Margot immer zu Streichen und Neckereien aufgelegt. Auch mein Onkel konnte sehr lustig sein, und es gelang ihm, mich immer wieder zum Lachen zu bringen. Nur mit meiner Patentante konnte ich nicht so recht warm werden. Sie wollte mich ständig in den Arm nehmen. Ich aber hatte eine Abneigung gegen solche Zärtlichkeiten entwickelt. Es war mir fremd, umarmt zu werden. Innerlich sträubte sich alles in mir dagegen. So ging ich meiner Tante aus dem Weg.

Die erste Woche verging wie im Flug. Wir hatten kleine Ausflüge gemacht, und für mich wurde sogar ein eigenes kleines Fahrrad besorgt. Als wir eines Abends gemeinsam am Tisch saßen, sah mich mein Onkel ein wenig seltsam an. „Gunda, erinnerst du dich noch an deine Eltern?" Ich erschrak, und mein Gesicht versteinerte sich. „Würdest du sie gerne wiedersehen? Sie kommen morgen mittag zu Besuch und bleiben über Nacht bei uns." Meine Augen weiteten sich, ich fing an zu zittern. Verwirrt stand ich auf und rannte zur Toilette. Dort sperrte ich mich ein und ließ meinen Tränen freien Lauf. „Gunda, komm raus, mach doch auf!" riefen mein Onkel und meine Patentante. Doch ich öffnete nicht. Alles in mir krampfte sich zusammen, nach langer Zeit fühlte ich wieder eine Art Todessehnsucht. Mein Herz schmerzte, und mein Kopf drohte zu platzen. So saß ich einige Zeit auf dem Boden, bis ich zunehmend ruhiger wurde. Auf einmal war mir alles egal, ich stand auf, öffnete die Türe und stahl mich in Margots Zimmer. Dort legte ich mich auf die Matratze, starrte an die Wand und stand erst wieder am nächsten Morgen auf. Teilnahmslos setzte ich mich auf einen Küchenstuhl. Ich hatte keinen Hunger, keinen Durst und nahm das Treiben um mich herum gar nicht wahr. Erst gegen Mittag spürte ich wieder das unruhige Kribbeln in mir, ich glaubte zerspringen zu müssen. Da klingelte es auch schon. Erschrocken zog ich die Beine an und wartete auf das, was nun kommen sollte.

Überraschende Wendung

Eine rundliche Frau und ein Mann mit Glatze kamen in die Küche. Ich erkannte sie sofort: Es waren meine Eltern. „Du meine Güte, hast du dich verändert", begrüßte mich meine Mutter. „Du bist ja richtig hübsch geworden." Verwundert sah ich auf. Das hatte ich nicht erwartet. Ein schlankes, blondes Mädchen hielt mir die Hand entgegen. War das Maria? Dasselbe Kind, das mit vier Jahren so dick gewesen war, daß man es noch im Kinderwagen spazierenfahren mußte? Ich konnte es nicht glauben. Marias Gesicht war schmal geworden und hatte nichts Babyhaftes mehr. Sie war groß geworden, fast so groß wie ich, und ihre langen Haare schimmerten rötlich. Entgeistert starrte ich das Mädchen an und stammelte: „Bist du Maria?" Sie nickte und sagte lachend: „Hallo, Gunda." Auch mein Stiefvater gab mir die Hand und begrüßte mich freundlich. „Grüß dich, Mädel." Sie erzählten von der Fahrt und einem Unfall, den sie beobachtet hatten. Ich hörte entgeistert zu. Erst als Tante Yvonne das Essen auftrug, stand ich auf und lief geradewegs ins Kinderzimmer. „Warum läufst du denn weg?" fragte mich mein Onkel, der mir nachgelaufen war. „Muß ich denn jetzt nicht im Kinderzimmer essen?" staunte ich und sah in das freundliche Gesicht meines Onkels. „Aber nein, warum denn? Komm rüber, das Essen wird ja kalt", antwortete er. „Frag lieber erst nach, ob's recht ist", zögerte ich noch, doch er nahm meine Hand und zog mich in die Küche. So saß ich seit langer Zeit zum erstenmal wieder mit meinen Eltern am Tisch. Mir fiel auf, daß meine Mutter nach dem Essen mehrere Tabletten schluckte, doch ich fragte nicht nach dem Grund. Auch mein Stiefvater griff zu seinen

Medikamenten, und mein Blick fiel auf eben solche bunten Pillen, mit denen ich mir vor zwei Jahren versucht hatte, das Leben zu nehmen. Am Nachmittag machten wir einen ausgedehnten Spaziergang, und ich war immer wieder überrascht, wie freundlich und nett meine Eltern mit mir umgingen. Auch am Abend lachten und scherzten sie mit mir. Maria war noch immer so lustig und fröhlich, wie ich sie kannte, nur war sie selbstbewußter und schien mir um einige Jahre voraus. Stolz erzählte sie von der bevorstehenden Einschulung und ihrem neuen Schulranzen. „Hat der Papa dich schon einmal gehauen oder die Mama?" fragte ich sie vorsichtig, als wir einmal alleine waren. Maria lachte: „Quatsch, die haben mich noch nie verhauen. Sie sind wirklich lieb zu mir. Wie kommst du denn auf so was?" Ich schwieg. Zu viele Erinnerungen kamen wieder in mir hoch, und ich wollte nicht in die alte Traurigkeit zurückfallen. So wechselte ich schnell das Thema und erzählte von meinen Erfolgen in der Schule. Maria hörte aufmerksam zu. Anschließend schlug ich vor, ins Bett zu gehen und noch eine Märchenkassette zu hören. Margot, Maria und ich lagen schweigend nebeneinander und hörten der Kassette zu, bis wir einschliefen. Am nächsten Morgen waren Maria und ich als erste auf. Wir deckten den Frühstückstisch, und bald erschien auch der Rest der Familie. Nach dem gemeinsamen Frühstück wurde beschlossen, ins nahegelegene Schwimmbad zu gehen. Mir war das nicht so recht, denn ich hatte noch immer Scheu, mich unbekleidet oder im Badeanzug zu zeigen. Doch ich fügte mich, und Margot lieh mir einen Bikini, der ihr noch zu groß war. Margot und Maria konnten es kaum erwarten, in das warme Wasser zu springen. Ich blieb lange am Rand des Beckens stehen und stellte erstaunt fest, daß Maria bereits schwimmen konnte. Im Heim hatten wir kaum Gelegenheit gehabt, baden zu gehen – es war nur in Begleitung einer Aufsichtsperson erlaubt. Zögernd stieg ich in das nicht sehr tiefe Wasser, hielt mich aber ängstlich am Beckenrand fest.

Nach wenigen Minuten legte ich mich auf die Wiese zu meinen Eltern und Verwandten. Auch an diesem Tag waren meine Eltern sehr freundlich. Sie unterhielten sich mit mir, als hätte nie etwas zwischen uns gestanden. So ist es nicht weiter verwunderlich, daß meine Angst und mein Mißtrauen immer weniger wurden. Wohl war ich noch immer recht kurz angebunden und insgesamt sehr zurückhaltend, doch innerlich keimte die Hoffnung, nun doch noch in meine Familie aufgenommen zu werden. Als dann meine Eltern auch noch beschlossen, mit mir und Maria alleine essen zu gehen, waren die letzten Zweifel zerstreut. Ich war selig. Noch nie waren wir gemeinsam in ein Restaurant gegangen, nie zuvor hatte man mich in das Programm einbezogen, nie zuvor waren meine Eltern so freundlich gewesen. Ja ich faßte sogar den Mut, ihnen von meinem erfolgreichen Abschluß der fünften Klasse zu erzählen und dem Plan, die mittlere Reife zu machen. Meine Eltern hatten mir aufmerksam zugehört und meinten: „Das hätten wir dir gar nicht zugetraut, mein lieber Mann, du hast dich rausgemacht." Ich war stolz und sog dieses Lob auf wie ein ausgetrockneter Schwamm. Als wir nach einer Minigolf-Runde noch ein Eis schleckten, fragte mich plötzlich Maria, ob ich nicht wieder zu ihnen kommen wollte. Verdattert sah ich zu meinen Eltern. Mit dieser Frage hatte ich nicht gerechnet. „Ja, Gunda, wir wollten dich das gleiche fragen", unterbrach mein Stiefvater das Schweigen. „Meint ihr das ernst?" Ich konnte meinen Eltern nicht in die Augen sehen. „Warum nicht?" antwortete meine Mutter zurück und lutschte an ihrem Eis. „Wir fahren gegen Abend zurück, und wenn du magst, kannst du mitkommen." Ich fühlte mich hin und her gerissen. Sollte ich das Angebot annehmen? Würde dieses Mal alles ganz anders werden, oder würde doch sehr schnell wieder der alte Trott einkehren? Der Wunsch, in einer liebevollen Familie aufzuwachsen, war schließlich stärker als alle Bedenken. Ehe ich mich versah, stieß ich ein freudiges „Ja" hervor und knabberte aufgeregt an meinen Fingernägeln.

„Dann laß uns zu Tante Yvonne und Onkel Klaus fahren und die Koffer packen", schlug meine Mutter vor, während Maria freudig in die Hände klatschte. Als wir in die Wohnung kamen, roch es nach Kaffee, und eine bunte Torte stand auf dem Tisch. Aufgeregt berichtete Maria, was vorgefallen war, und sah strahlend zu mir hinüber. Doch meine Patentante und mein Onkel schienen überhaupt nicht überrascht zu sein, sondern bemerkten nur: „Dann wäre das Problem also gelöst." Was für ein Problem? schoß es mir durch den Kopf. Dieser Satz sollte mich noch beschäftigen, als wir bereits im Auto saßen und in meine alte Heimat fuhren.

Wieder in der Höhle des Löwen

Es war eine lange Fahrt. Die Stimmung im Auto war leicht gespannt, doch Marias unbefangenes, fröhliches Wesen half immer wieder über die bedrückenden Minuten des Schweigens. Als wir in meiner Geburtsstadt ankamen, schien alles unverändert. Mit gemischten Gefühlen schaute ich aus dem Fenster. Es war doch nicht so leicht, wieder hierher zurückzukehren. Jeder Winkel in dieser Stadt steckte voller Erinnerungen, voller Bilder. Am liebsten wäre ich aus dem Auto gesprungen und davongelaufen. Doch es war zu spät. Schließlich bog mein Stiefvater in eine Straße ein, die ich nicht kannte. „Wir sind da", brummte er. „Aussteigen." Ängstlich schaute ich mich um. Wir standen vor grauen, großen Wohnblöcken. Ich hatte nicht gewußt, daß meine Eltern umgezogen waren. Als wir in der dunklen, fremden Wohnung waren, erklärte meine Mutter: „Hier ist euer Zimmer, es ist alles schon vorbereitet." Das Zimmer war schmal und lang. Auf der rechten Seite standen zwei Betten, auf der linken Seite befanden sich Regale, mit Stofftieren, Kinderbüchern und Spielen. Eine der klapprigen Holztüren des alten, hinter der Türe versteckten Schrankes stand offen. Tatsächlich, drei

Ablagen waren geräumt worden, ich erkannte es an den übrigen vollgestopften Fächern. Sie hatten also mit meiner Rückkehr gerechnet. Was ging hier vor? War die Einladung meiner Tante nur Teil des Planes, mich wieder zu meinen Eltern zurückzulocken? Mir war das Ganze nicht geheuer. Hatten meine Verwandten nicht von einem Problem gesprochen? Wo war der Haken? Voller Mißtrauen folgte ich den Stimmen, die aus einem anderen Zimmer drangen. Ich überraschte meine Eltern beim Abendbrot. Sie hatten mich nicht dazu gebeten, und es fiel ihnen erst jetzt ein, daß ich möglicherweise auch Hunger haben könnte. Ich schüttelte mit dem Kopf, plötzlich hatte ich keine Lust mehr, mich zu ihnen zu setzen. Vorsichtig fragte ich, warum sie mich zurückgeholt hatten. „Ach stell jetzt nicht solche Fragen", wich mein Stiefvater aus. „Geh ins Bett, wenn du nichts essen willst, es ist spät genug, Maria kommt gleich nach." Wortlos drehte ich mich um und ging geradewegs in Marias Kinderzimmer. Welches der beiden Betten gehörte mir? Prüfend suchte ich nach Spuren, die Maria vielleicht hinterlassen haben könnte. Schließlich verriet ein Taschentuch, welches Bett bereits vergeben war. Ich legte mich in das andere. Mein Herz schien sich zusammenzuziehen, es gab bei jeder Bewegung einen scharfen Stich ab, der bis unter die Schulterblätter zu spüren war. Ich atmete schwer und versuchte verzweifelt, mich abzulenken. Doch es gelang mir nicht, und schließlich gab ich meinen Tränen freien Lauf. Ich war wieder in die Höhle des Löwen zurückgekehrt, nur wußte ich noch nicht, was sie mit mir geplant hatten. Am nächsten Tag sollte ich es erfahren. Wir saßen gemeinsam am Frühstückstisch, als mein Stiefvater plötzlich ansetzte: „So, Gunda, jetzt paß mal gut auf. Deine Mutter muß für einige Wochen ins Krankenhaus. Danach wird sie sehr schwach sein und deine Pflege nötig haben. Du bist jetzt ein großes Mädchen und alt genug, auch einmal etwas für uns zu tun. Dein Heimaufenthalt hat uns eine Menge Geld gekostet, deshalb haben wir dich nicht zur

Adoption freigegeben. Du schuldest uns also einiges und hast nun Gelegenheit, es wiedergutzumachen. Wir rechnen mit dir. Wenn du also gefragt wirst, ob du bei uns bleiben möchtest – und das wird kommen –, erwarten wir von dir ein klares und deutliches 'Ja'. Hast du verstanden?" Ich hatte verstanden. Das war das Problem, von dem meine Verwandten gesprochen hatten. Ob das der Grund sei, warum sie mich zurückgeholt hatten, fragte ich. „Glaubst du, wir hätten dich vermißt? Es war eine schwere Entscheidung für uns, aber nachdem Mama jetzt krank ist, blieb uns nichts anderes übrig." Fassungslos starrte ich an die Wand. In meinem Kopf fing es an zu hämmern, und mein Herz stach noch stärker als zuvor.

Der Jugendrichter sieht mich nicht

Eine Woche später war es soweit. Meine Mutter kam in die Klinik. Mir wurde aufgetragen, aufzuräumen und das Mittagessen vorzubereiten, während Maria meine Mutter begleiten durfte. Schon an diesem Tag sollte ich meine erste Ohrfeige bekommen. Ich hatte wenig Erfahrung in der Küche. Wohl hatte ich Frau Astloch beim Kochen immer mal über die Schulter geschaut, aber ich hatte noch nie selbst gekocht. Die Schnitzel verbrannten. Mein Stiefvater warf das angekohlte Zeug auf den Boden, schlug mir ins Gesicht und verließ mit Maria die Wohnung. Als sie gegen Abend wieder heim kamen, beschimpfte er mich und klärte mich darüber auf, was ich von nun an alles im Haushalt zu erledigen hätte. Ich sollte pünktlich um 5.30 Uhr in der Küche stehen, um das Frühstück und sein Vesperbrot vorzubereiten. Kurzum, mir fielen die Aufgaben meiner Mutter zu, wozu auch der Hausputz und das Wäschewaschen zählte. Nur die Einkäufe erledigte mein Stiefvater selber, denn er traute mir in Gelddingen nicht über den Weg. Außerdem würde ich mich doch nur herumtreiben und mich von anderen auf seine Kosten bemitleiden lassen. So verbrachte ich den Rest meiner Ferien zwischen Geschirr, dreckiger Wäsche und verschmutzten Schuhen und kam nicht ein einziges Mal aus dem Haus. Zahlreiche Pannen wie verfärbte Wäsche, versalzenes Essen oder staubige Regale hatten in Kürze wieder zur Folge, daß ich überall am Körper mit bunten Flecken übersät war. Ich war sehr überrascht, als mir eines Tages mein Stiefvater ein kleines Blumensträußchen überreichte. Bei Tisch erklärte er mir dann, daß ich am nächsten Tag vor Gericht erscheinen sollte. Ich brauche nur zu sagen, daß ich gerne bei meinen Eltern sei und hier zur Schule gehen wollte. Er versprach auch, mich in einer Realschule anzumelden. Ich war viel zu eingeschüchtert, um zu widersprechen. Am nächsten Tag begleitete mich mein Stiefvater in den Gerichtssaal. Hinter einem großen, schweren Schreibtisch saß ein alter Mann, dessen Aussehen mich sehr erschreckte. Seine Augen waren geschlossen, und seine Nase bestand nur noch aus zwei kleinen Löchern. Er war blind. Verängstigt stand ich vor ihm und konnte meinen Blick nicht abwenden. „Gunda, bist du gerne zu Hause?" Was sollte ich sagen? Hinter mir stand mein Stiefvater, und vor mir saß dieser furchterregende Richter. Ich brachte keinen Ton heraus und schwieg. Ungeduldig klopfte der Blinde mit seinen knochigen Fingern auf die Tischplatte, bis ihm endlich einfiel, meinen Vater aus dem Raum zu schicken. Gerne hätte ich jetzt geschrien: „Bringt mich weg, ich will nicht mehr heim!", doch ich hatte keinen Mut dazu. Schließlich entschied der Richter, mich bei meinen Eltern zu lassen, um mir die Möglichkeit zu geben, in einer Familie aufzuwachsen. Seiner Meinung nach hatten meine Eltern ihre Schuld durch eine Geldstrafe abgebüßt, und, was das Entscheidende war, ich hatte keine gegenteilige Aussage gemacht. Ich fuhr mit meinem Stiefvater nach Hause zurück.

Meine Mutter lag seit drei Wochen in der Klinik. Sie war operiert worden und sah sehr blaß aus. Ich hatte inzwischen meine ersten Schultage in der Realschule hinter mir. Da ich nicht – wie üblich – nach der vierten Klasse die Schule gewechselt und dazu keine „normale" Schule besucht hatte, wurde ich nicht nach der fünften Klasse Grundschule in die sechste Klasse Realschule aufgenommen, sondern mußte nochmals die fünfte Klasse der Realschule besuchen. Die ersten Tage in meiner neuen Klasse fielen mir sehr schwer. Ich kannte niemanden und wurde daran erinnert, wie es damals war, als ich noch die zweite Klasse besuchte. Meine Schulkameraden waren mir geistig und körperlich überlegen. Sie traten selbstbewußter auf, waren lauter als ich und hatten gelernt, sich durchzusetzen. Ich hatte auch keine Zeit, meine Mitschüler außerhalb der Schule zu treffen, weil ich den Haushalt zu versorgen und Hausaufgaben zu machen hatte. Wenn ich mich heute zurückerinnere, begann damals eine äußerst harte Zeit. Mein Leben bestand nur aus Schule, Haushalt und Schlägen. Alles war wieder wie damals. Meine Mutter hatte sich schnell erholt und kam wieder nach Hause. Ich hatte gehofft, sie würde mich entlasten, indem sie wenigstens einen Teil des Haushaltes übernehmen würde, doch statt dessen hatte ich eine Person mehr zu versorgen. Die Arbeit wuchs mir über den Kopf, und meine schulischen Leistungen ließen spürbar nach. Immer häufiger versäumte ich den Unterricht, da ich keine Zeit dazu hatte. Mehrmals wurde ich so brutal verprügelt, daß ich mich noch tagelang danach schämte, mit meinem entstellten Gesicht auf die Straße zu gehen. Meine Schulkameraden wußten, daß ich aus dem Heim gekommen war, und nicht selten behandelten sie mich nur aus Mitleid freundlich. Manche Mutter steckte mir ein Fünf-Mark-Stück zu. Ich haßte diese Form von Anteilnahme, weil es niemandem wirklich ernst war mit mir. Ich wünschte mir so sehr eine wirkliche Freundin. Auch meinen Lehrern blieben meine Sorgen nicht verborgen. Doch ich hatte mich wieder in mein Schneckenhaus zurückgezogen und erlaubte niemandem, mir zu nahe zu kommen. Hatten wir Schwimmen oder Turnen, fehlte ich regelmäßig oder gab vor, krank zu sein. Meine Turnlehrerin war in meinen Augen streng und ungerecht. Es gab ein paar sehr gute Turnerinnen in meiner Klasse. Diese Mädchen waren die Lieblinge meiner Lehrerin und wurden ständig bevorzugt. Da sich die anderen Schüler über diese Bevorzugung ärgerten, gründete sich bald eine gegnerische Gruppe, die versuchte, meine Turnlehrerin zu foppen und bloßzustellen. Da ich beim Sport oft fehlte, gehörte ich in den Augen der Lehrerin auch zu dieser Gruppe. Ich mochte sie zwar auch nicht, aber aus anderen Gründen. Irgendwie konnte ich sie auch verstehen. Sie erwartete von den Schülerinnen Ehrgeiz und Mut, und ich hatte beides nicht. Schwimmen konnte ich sowieso nicht, und von meinen Problemen hatte sie offensichtlich keine Ahnung. In ihren Augen war ich ein aufsässiges Mädchen, das aus Faulheit die Turn- und Schwimmstunden schwänzte.

Mein zwölfter Geburtstag

Eines Tages beschloß sie, alle Eltern der jetzigen Kinder, die dem Sportunterricht fernblieben, zu benachrichtigen. Natürlich hatte sie sich auch bei meinen Eltern beschwert. Als ich am Mittag nach Hause kam, um das Essen vorzubereiten, wurde ich schon in der Tür mit einer schallenden Ohrfeige empfangen. Ehe ich mich rechtfertigen konnte, hatte meine Mutter den Kochlöffel in der Hand und schlug auf mich ein. Sie schrie: „Warte, wenn der Papa heimkommt!" Entsetzt riß ich die Wohnungstüre auf und rannte ins Freie. Ich lief ohne Ziel, bis ich mich in einem Waldstück auf einen Baumstamm fallen ließ. Es war mein zwölfter Geburtstag, und ich hatte mir diesen Tag schöner vorgestellt. Ich wußte nicht mehr, was ich tun sollte und wo ich mich verstecken konnte. So blieb ich sitzen und legte verzweifelt den Kopf in meine Hände. Ich zitterte vor Kälte. Zudem hatte ich fürchterliche Angst, denn es war dunkel geworden, und ich hörte es überall knistern und rascheln. Endlich stand ich auf und rannte los, ohne zu wissen wohin, nur raus aus diesem Wald. Während ich umherirrte und fror, beschloß ich, mich unter der Treppe meines Elternhauses zu verstecken. Es war mir klar, daß ich ein großes Risiko einging, denn ich konnte meinen Eltern direkt in die Arme laufen. Doch Kälte und Müdigkeit trieben mich voran. Als ich vor dem Haus stand, sah ich, daß in der Küche Licht brannte, und ich konnte Schatten hin und her huschen sehen. Leise schlich ich mich ins Haus und versteckte mich unter der Kellertreppe. Zusammengekauert saß ich dort und hoffte, daß die Nacht schnell vorübergehen möge. Doch ich hatte kein Glück. Schon nach kurzer Zeit wurde ich entdeckt und in die Wohnung gezerrt. Mein Geburtstag endete grausam. Am Ende lag ich mit verschobenem Gesicht, Striemen am ganzen Körper und schrecklichen Schmerzen in der Steißbeingegend unter meinem Bett. Ich verbrachte die ganze Nacht dort, erst am Morgen stahl ich mich leise aus der Wohnung. Mein Steißbein tat noch immer sehr weh, und ich hatte große Mühe, mich zu bewegen. Ich schleppte mich in mein Versteck, in der Nähe der Schule, wo ich mich während der Sportstunden immer aufhielt. Wenn ich versuchte, mich hinzusetzen, tat es höllisch weh. So lehnte ich mich vorsichtig gegen die Wand und überlegte, was ich tun sollte. Doch ich hatte nicht damit gerechnet, daß mich meine Lehrerin dieses Mal suchen und finden würde. Unsanft schob sie mich in den Umkleideraum. Erst dort fiel ihr mein verschobenes Gesicht auf. „Was hast du denn gemacht?" fragte sie, und ihre Stimme klang spöttisch. „Nichts, bin hingefallen." – „Also, dann zieh dich jetzt um." Sie setzte sich mir wartend gegenüber. Ich weigerte mich, und sie riß mir die Bluse vom Leib. Als sie meinen geschundenen

Körper sah, hielt sie entsetzt inne und ließ sich auf eine Bank fallen. „O Gott", stammelte sie. Im nächsten Augenblick rannte sie aus dem Raum und rief laut nach ihrer Kollegin. Beide kamen aufgeregt zurück und starrten mich an. Diese verstörten und verständnislosen Blicke werde ich nie vergessen. Ich empfand Mitleid und hätte die beiden am liebsten getröstet. Doch ich kam nicht dazu, denn plötzlich kamen zwei Polizisten und ein Sanitäter angerannt. Sie waren von dem aufgeschreckten Bademeister gerufen worden. Ich war so verblüfft und erschrocken, daß ich überhaupt nicht mehr mitbekam, was um mich herum geschah. Ich kann mich nur noch daran erinnern, daß mich Blitzlichter blendeten und mich die Sanitäter auf eine Bahre legten. Auch ein Arzt war gekommen. Ich kannte ihn, es war derselbe Arzt, der sich damals um mein verletztes Knie gekümmert hatte. In wenigen Minuten hatte man mich in die Ambulanz der nächstliegenden Klinik gefahren und dort den Schwestern und Ärzten der Röntgenabteilung übergeben. Keiner fragte mich, wie es passiert war. Alle schienen Bescheid zu wissen. Ich verbrachte diese Nacht im Krankenhaus. Am nächsten Tag erklärte man mir bei der Visite, daß mein Steißbein angebrochen war und ich noch eine Weile liegen mußte. Die Ärzte sagten mir voraus, daß es wahrscheinlich schief zusammenwachsen würde, denn es war nicht zum erstenmal verletzt worden. Sie sollten recht behalten. Noch heute fällt es mir schwer, längere Zeit auf einem Stuhl zu sitzen. Auch Fangopackungen konnten mich nicht von meinen Schmerzen befreien. Diese Verletzung wird mich ein Leben lang an meinen zwölften Geburtstag erinnern.

Zum drittenmal im Heim

Nach zwei Wochen wurde ich entlassen. Da ich starke Schlafstörungen hatte, bekam ich leichte Schlaftabletten, um überhaupt ein wenig zur Ruhe zu kommen. Außerdem war ich depressiv und hatte enorme Sprachschwierigkeiten. Das kannte ich schon von früher. Mehrmals wurde ich geschlagen, weil ich einen Satz nicht ohne zu stottern zu Ende führen konnte. Doch dies hatte sich während meines letzten Heimaufenthaltes durch die Hilfe von Fräulein Sigrun sehr gebessert. Jetzt aber war es schlimmer als vorher, und ich schämte mich sehr.

Das Heim, in dem ich von nun an leben sollte, lag in einem kleinen Tal im Odenwald. Von Anfang an haßte ich dieses Heim. Es befand sich in einem alten, dunklen Gebäude und wurde von strengen, unbarmherzigen Erzieherinnen geführt. Ich war nun zwölf Jahre alt und in meiner psychischen Entwicklung sehr zurückgeblieben. Meine Leistungen in der dem Heim angegliederten Realschule ließen sehr zu wünschen übrig. Da ich noch immer sehr klein und schmächtig war, mußte ich regelmäßig eine große Schüssel rote Bete essen. Ich konnte sie nur mit großer Überwindung hinunterwürgen. Doch die Erzieherinnen bestanden darauf, daß rote Bete gesund seien. Darüber hinaus mußte ich mich zweimal in der Woche mit einem Heimpsychologen treffen, um im gemeinsamen Gespräch meine Verhaltensstörungen aufzuarbeiten. Ich haßte diese Gespräche und fand sie fast genauso erniedrigend wie das Leben bei meinen Eltern. Ich empfand die Interpretation meiner Erlebnisse wenig einfühlsam. Aber ich machte es dem Psychologen auch nicht leicht, etwas über mich zu erfahren. Ich konnte mich kaum überwinden, über meine Vergangenheit zu sprechen. Die ganze Zeit ging mir nur ein Gedanke durch den Kopf: Ich wollte meinen leiblichen Vater kennenlernen. In meinen Träumen war er ein liebevoller und besorgter Vater. In der letzten Zeit bei meinen Eltern hatte ich heimlich in den Unterlagen meiner Mutter gestöbert und war auf seinen Namen und seine Adresse gestoßen. Nun wollte ich ihn suchen. Doch ich fand erst Gelegenheit dazu, als ich dreizehn Jahre geworden war.

Auf der Suche nach meinem Vater

Es war an einem Samstag. Im Heim herrschte die Regel, daß Mädchen ab dreizehn Jahren alleine für das Haus einkaufen gehen konnten. Man wurde mit einem Einkaufszettel in der Hand und einer genauen Anweisung, wo man hingehen sollte, losgeschickt. Als ich an die Reihe kam, hieß der Auftrag, zum Wochenmarkt zu gehen und Obst und Gemüse einzukaufen. Eifrig machte ich mich auf den Weg. Doch ich ging nicht zum Markt, sondern geradewegs zum Bahnhof. Ich hatte Glück, denn ich brauchte nicht lange zu warten, bis der richtige Zug kam. Mit dem Einkaufsgeld hatte ich mir eine Fahrkarte gekauft. Ich war furchtbar aufgeregt und konnte es kaum erwarten, endlich zu meinem Vater zu kommen. Wie würde er aussehen? Würde er mich freundlich aufnehmen? Hatte er eine Familie? Würden sie mich akzeptieren? Ich war auf alles gefaßt und mutig genug, dieses Risiko einzugehen. Endlich hielt der Zug in einer kleinen Ortschaft. Ich kletterte aus dem Waggon und sah mich hilfesuchend um. Wie sollte ich die Straße finden, in der mein Vater wohnte? Die Menschen rannten hastig an mir vorbei und schienen alle ein Ziel zu haben. Manche wurden freundlich empfangen und verließen lachend den Bahnhof. Ich blieb alleine zurück, in der Hand den Einkaufskorb. Zurück konnte ich nicht mehr, ich hatte kein Geld mehr, und im Heim würde mich eine saftige Strafe erwarten. Zweifel beschlichen mich, ob es richtig gewesen war, wegzulaufen. Doch nun mußte ich meinen Plan zu Ende bringen. Ich sprach den ersten Menschen an, der mir über den Weg lief, und fragte nach dem Straßennamen, den ich mir eingeprägt hatte. Es dauerte lange, bis ich die Straße gefunden hatte. Das Haus, in dem mein Vater vermutlich wohnte, war gelb angestrichen, von einem hohen Zaun umgeben. Bunte Blumenkästen hingen unter den Fenstern, und im Hof stolzierte ein Hahn auf und ab. Ängstlich blieb ich vor dem fremden Haus stehen. Ich mußte meinen ganzen Mut zusammennehmen, um auf die Klingel zu drücken. Zitternd wartete ich auf eine Reaktion. Doch nichts rührte sich. Es schien niemand zu Hause zu sein. Ich setzte mich auf eine dem Haus gegenüberliegende Mauer. Von da aus konnte ich gut beobachten, ob jemand das Grundstück betrat. Bei jedem Mann, der vorbeiging, klopfte mein Herz, denn ich glaubte, meinen Vater zu sehen. Doch alle liefen weiter. Es wurde immer dunkler und kälter. Ich bekam Angst. Was sollte ich tun, wenn niemand nach Hause kam? Damit hatte ich nicht gerechnet. Mein Wunsch, meinen Vater zu treffen, war so stark, daß ich gar nicht auf den Gedanken gekommen war, daß er nicht zu Hause sein könnte. Nun bereute ich es, weggelaufen zu sein.

Frierend und müde saß ich auf der Mauer und wartete. Mein Steißbein schmerzte, der Magen knurrte, und ich wurde immer verzagter. Plötzlich bog ein Auto um die Ecke und steuerte zielstrebig auf die neben dem Haus liegende Garage zu. Tatsächlich – ein gelber Wagen hielt direkt vor dem Garagentor, und ein älterer Mann und eine sehr dicke Frau stiegen aus. Ich zitterte vor Aufregung und hörte mein Herz klopfen. Der Mann fuhr das Auto in die Garage, und die Frau schloß inzwischen die Haustüre auf und ging ins Haus. Jetzt mußte ich handeln und den Mann ansprechen. Voller Angst und Erwartung stand ich auf und ging auf ihn zu. Er hatte mich gar nicht bemerkt. Erst als ich ihn fragte: „Guten Abend, sind Sie Herr Steck?", wurde er auf mich aufmerksam. Freundlich sah er mich an und antwortete: „Ja, warum?" Zaghaft hielt ich ihm die Hand entgegen und stammelte: „Ich, ich bin die Gunda."

Es fällt mir sehr schwer, den folgenden Lebensabschnitt zu schildern. Die Erinnerungen sind zu erdrückend, zu beschämend. In Gedanken stehe ich noch immer vor diesem fremden Mann und stammle: „Ich, ich bin die Gunda." Was danach passierte, habe ich lange Zeit verdrängt, doch eine innere Stimme sagt mir heute: Du mußt jetzt da durch, mach weiter, gib nicht auf. Ich will versuchen, zu beschreiben, welche Folgen die Begegnung mit meinem leiblichen Vater hatten.

Zitternd stand ich vor dem Mann, den ich mir schon so oft in meinen Träumen vorgestellt hatte, und wagte nicht, ihn anzusehen. So kann ich nicht sagen, ob sein Gesichtsausdruck Überraschung, Freude oder Ärger zeigte. Doch seine Stimme klang freundlich, als er sagte: „Du zitterst ja, komm erst mal rein." Dankbar kam ich seiner Aufforderung nach, denn ich fror entsetzlich und hatte Angst in der Dunkelheit. Ich ließ mich von meinem Vater in eine große Wohnküche führen. Ein riesiger Tisch mit einer einladenden Eckbank stand in der Mitte. Zu meiner Überraschung saß dort ein großgewachsenes Mädchen. Ich fragte mich, wie es wohl in die Wohnung gelangt war? Später erfuhr ich, daß sie bei ihrer Schwägerin gewesen und durch einen Kellereingang ins Haus gekommen war. Sie hieß Irene und war jenes Kind, mit dem die Frau meines Vaters schwanger war, als er die kurze Affäre mit meiner Mutter hatte. Es war ein seltsames Gefühl, plötzlich einer drei Monate älteren Schwester gegenüberzusitzen und zu wissen, daß dieser fremde Mann, der neben mir saß, mein leiblicher Vater war. Natürlich wurde ich mit tausend Fragen bestürmt: Wie und warum ich hierher gekommen war, ob ich hungrig sei, wie es nun weitergehen sollte. Die Frau meines Vaters sah mich immer wieder verstohlen von der Seite an. Sie fragte sich wohl, was ich von ihr erwartete. Ich erwartete gar nichts, im Moment war ich nur froh, nicht mehr auf der dunklen, kalten Straße sitzen zu müssen. Auch hatte ich mir noch keine Gedanken darüber gemacht, wie es weitergehen sollte. Es war warm in der Küche, und die Menschen um mich herum waren freundlich – das reichte. Die Nacht schlief ich in einem kleinen Dachkämmerchen. Mir war etwas unheimlich in diesem fremden Zimmer, und ich erwartete ungeduldig den nächsten Tag. Durfte ich bei meinem Vater bleiben, oder würden sie mich wieder zurück in das Kinderheim schicken? Ich sah schon die strengen Gesichter der Erzieherinnen vor mir und hörte sie schimpfen: „Zur Strafe für deinen Diebstahl hast du drei Monate Hausarrest und vier Wochen Küchendienst." Schauer liefen mir über den Rücken, und ich nahm mir vor, mich mit allen Mitteln gegen eine Rückkehr zu wehren. Gleichzeitig wußte ich aber, daß ich gar keine Wahl hatte. Zu meiner Mutter konnte und wollte ich nicht zurück. Fräulein Sigrun, die Leiterin aus meinem zweiten Heim, war sicher böse auf mich, da ich nach den Sommerferien nicht zurückgekommen war. Plötzlich fühlte ich mich sehr einsam, ich gehörte nirgendwo richtig dazu und würde auch nie richtig in die Familie meines Vaters aufgenommen werden. Zum erstenmal in meinem Leben spürte ich Neid. Neid auf alle Kinder, die liebevolle Eltern hatten und in der Geborgenheit einer Familie aufwachsen konnten. Was wußten sie schon davon, wie grausam und lieblos es auf der Welt zugehen konnte? Ich hätte so gerne mit ihnen getauscht. Doch ich lag hier im Haus bei fremden Menschen und wußte nicht, wie es weitergehen sollte. Ich war zwar freundlich aufgenommen worden, doch meine Erfahrungen hatten mich gelehrt, mißtrauisch zu sein.

Als ich am nächsten Morgen in die Küche kam, waren alle Hausbewohner schon mit irgendwelchen Arbeiten beschäftigt. Unschlüssig blieb ich neben dem großen Küchentisch stehen und beobachtete die Frau meines Vaters beim Kartoffelschälen. Sie mußte in ihrem Leben schon viele Kartoffeln geschält haben, denn ich hatte nie zuvor so flinke Hände gesehen. Ihre blauen Augen zwinkerten mir freundlich zu, als sie mich fragte, ob ich ein Marmeladebrot wollte. Ich nickte schüchtern und folgte ihrem Blick, der auf eine kleine Schranktüre wies. Ich öffnete die Türe und fand einen großen Laib weißes Brot, der neben einer Reihe Marmeladegläser lag. „Nimm dir, was du brauchst", meinte sie, während sie eine große geschälte Kartoffel in eine mit Wasser gefüllte Schüssel plumpsen ließ. Das Wasser spritzte ihr direkt ins Gesicht, und ich mußte lachen. „Na!" rief sie und lachte auch. „Jetzt habe ich aber eine Ladung abgekriegt, was?" Ich prustete befreit los. Das gemeinsame Lachen hatte mir gutgetan, und ich fühlte mich der fremden Frau ein winziges Stückchen näher. Ich setzte mich zu ihr und kaute genüßlich an meinem Brot. Plötzlich wurde die Küchentüre aufgestoßen, drei Kinder stürzten herein und riefen lauthals nach Oma und Opa. Erschrocken drehte ich meinen Kopf um. „Hier bin ich!" rief die Frau meines Vaters. „Der Opa ist bei den Hasen!" – „Oma, der Florian hat einen Vogel gefunden!" rief eines der drei Kinder. Als sie mich entdeckten, waren sie genauso erschrocken wie ich. Kein Ton kam mehr über ihre Lippen, und die beiden kleineren versteckten sich ängstlich hinter ihrer Großmutter. „Wer ist das?" fragte das älteste Kind, während es mich prüfend ansah. „Das ist Gunda, und wo ist jetzt der Vogel?" – „Er liegt draußen im Hof und kann nicht mehr fliegen." Die drei Kinder zogen ihre Großmutter aus der Küche. Ich blieb alleine zurück und lauschte nach draußen. Plötzlich stand mein Vater vor mir. „Na, Gunda, gut geschlafen?" empfing er mich und setzte sich mir gegenüber. Ich nickte mit dem Kopf und schaute ihn an. Er war blond und hatte gewelltes, zurückgekämmtes Haar. Seine Hände waren groß und mit unzähligen Sommersprossen übersät. „Du hast ja schon unsere kleine Rasselbande kennengelernt", meinte er. „Das sind die Kinder von deinem ältesten Bruder. Sie sind acht, zehn und zwölf Jahre alt und wohnen im Hinterhaus." Erstaunt sah ich meinen Vater an: „Ich habe einen Bruder?" Mein Vater lachte. „Du hast nicht nur einen, sondern drei Brüder und zwei Schwestern. Bis auf

Irene sind alle viel älter als du. Walter könnte schon dein Vater sein. Auch Hans, Waltraud und Dietmar sind schon lange verheiratet und haben Kinder. Bruno und Irene wohnen noch bei uns. Bruno ist allerdings auch schon dreißig Jahre alt." Mit einem Schlag hatte ich – Maria mitgerechnet – sechs Geschwister! Ich war sprachlos. Sogar Tante und Schwägerin war ich schon – obwohl ich selber noch ein Kind war. Überwältigt starrte ich meinen Vater an, hatte ich das wirklich richtig verstanden? Wann würde ich sie alle kennenlernen? Neugierig schaute ich auf die vielen Bilder und Photographien, die an den Wand hingen. Wer wohl die Menschen darauf waren? Waren es meine Brüder und Schwestern? Doch mein Vater unterbrach meine Gedanken, indem er meine Hand nahm und mich in die große Scheune führte. Überall standen Hasen- und Kaninchenställe. Entzückt nahm ich ein paar Grashalme und fütterte sie. Ich war so begeistert, daß ich mich gar nicht mehr von den putzigen Tierchen trennen wollte. Mein Vater schaute mir zufrieden zu, als ich eines der Kaninchen auf den Arm nahm und es zärtlich streichelte. „So eines hätte ich auch gerne", flüsterte ich und drückte das warme Fell an meine Backe. „Gefällt es dir?" fragte er und nahm es mir sanft aus der Hand. „Mutter und ich haben beschlossen, daß du jetzt erst mal bei uns bleibst. Im Heim haben wir schon angerufen. Ist es dir recht?" Und ob es mir recht war, ich konnte mein Glück gar nicht fassen und strahlte meinen Vater an. „So, jetzt komm essen", meinte er und schloß den Käfig. Auf dem Weg ins Haus ermahnte er mich noch flüsternd: „Gunda, sag aber erst mal niemandem, wer du bist. Deine Geschwister wissen es noch nicht, und nach dem Essen gehen wir beide noch ein bißchen im Fasanengarten spazieren, ja?" Mir war alles recht, ich war selig und versprach auch, niemandem etwas über mich oder meine Herkunft zu erzählen. Ich ahnte noch nicht, warum mein Vater mich zum Spaziergang eingeladen hatte.

Hoffnungslos ausgeliefert

Zum Mittagessen gab es Kartoffelsalat mit heißen Würstchen, und es schmeckte mir ausgezeichnet. Bruno und Irene, die mit am Tisch saßen, unterhielten sich aufgeregt über eine Familie aus der Nachbarschaft. Ich war ein bißchen enttäuscht, denn mein Bruder würdigte mich keines Blickes. Er war sehr groß und schlank. Mir fielen seine blauen Augen auf, die gar nicht zu seinem schwarzen Haar paßten. Außerdem sprach er so schnell, daß ich dem Gespräch kaum folgen konnte. Schweigend saß ich da und fühlte mich fremd und fehl am Platz. Mein Vater half mir aus dieser unglücklichen Lage, indem er aufstand und ankündigte, daß er mit mir zu einer nahegelegenen Geflügelfarm gehen wollte. Ich war zwar überrascht, da er doch etwas von einem Fasanengarten gesagt hatte, aber ich dachte nicht weiter darüber nach. Wir fuhren mit dem Auto zu einer Farm, in der es von Hühnern nur so wimmelte. Nie zuvor hatte ich so viele verschiedene Hähne und Hühner gesehen. Keines sah aus wie das andere. Auch einen Taubenschlag gab es und eine Wiese mit Hasen und Meerschweinchen. „Schau dich ruhig ein bißchen um", forderte mich mein Vater auf und ging ein Päckchen Kornfutter kaufen. „Jetzt füttern wir erst die Hühner, und dann fahren wir zum Fasanengarten, einverstanden?" fragte er und warf die Körner auf den Boden. Es machte mir großen Spaß, die Tiere zu füttern, sie pickten gierig die Körner auf und flatterten dabei aufgeregt mit den Flügeln.

Später fuhren wir aus dem Ort hinaus in einen abgelegenen, stillen Wald. Weit und breit war kein Mensch zu sehen. Es gefiel mir, mit meinem Vater alleine zu sein. So konnten wir uns endlich kennenlernen. Ich war ausgelassen wie nie zuvor. Übermütig liefen wir durch den Wald, spielten Verstecken und Fangen, dann unterhielten wir uns beim Laufen wieder und lachten viel. Es kam mir so vor, als würde ich diesen Mann schon ewig kennen.

Mein gewohntes Mißtrauen war wie weggeblasen – ich glaubte, meinen Traumvater gefunden zu haben, und war zuversichtlich, daß von nun an alles gut werden würde. So oft hatte ich mir meinen Vater schon in meinen Träumen vorgestellt, hatte ihn so sehr herbeigesehnt. Zu diesem mir ja eigentlich Fremden faßte ich schneller Vertrauen als je zuvor zu einem Menschen.

Bisher hatte sich noch nie jemand so intensiv mit mir beschäftigt wie mein Vater auf diesem Spaziergang. Er nannte mich „mein hübsches Mädchen" – ich sei das schönste seiner Kinder. Auch lobte er mich, weil ich die einzige sei, die es zu einer höheren Schulbildung gebracht habe. Er sei stolz und froh, daß ich in sein Leben getreten sei. Ich sog diese Komplimente in mich auf und ließ mich ganz davon einfangen.

Wir waren schon eine Weile gelaufen, als mein Vater eine Pause einlegen wollte. Zwischen zwei großen Bäumen stand – kaum sichtbar – eine alte Holzbank, dort setzten wir uns hin, um Atem zu schöpfen. Es dauerte eine Weile, bis wir wieder ruhiger wurden. Ich hatte mich als erste gefangen und konnte bald nicht mehr ruhig auf der Bank sitzen bleiben. So fing ich an, um ihn herumzutanzen und übermütig an ihm zu zupfen. Er ging auf mein Spiel ein und versuchte, mich zu haschen. Bald hatte er mich erwischt und hielt mich fest. „Komm auf meinen Schoß", forderte er mich auf und hob mich nach oben. Es war ein komisches Gefühl, auf dem Schoß eines Erwachsenen zu sitzen. Einerseits genoß ich es, andererseits fühlte ich mich unbehaglich. Schweigend und wieder etwas unsicher geworden saß ich auf dem Schoß meines Vaters, spürte aber, daß es mir guttat. Ja, es war schön, so nahe bei ihm zu sitzen und seinen Atem zu spüren. Seine Hände strichen ruhig über meine Arme und schienen mir Sicherheit und Ruhe geben zu wollen. Auch als sie meine Schulter berührten, genoß ich das fremde, aber wohlige Gefühl der Wärme. Langsam strichen seine Hände meine Arme entlang und berührten wie durch

Zufall meine Brust. Ich zuckte zusammen, doch beruhigend flüsterte mir mein Vater ins Ohr: „Ganz ruhig, mein Mädchen." Dabei hatte ich das unbestimmte Gefühl, daß sich seine Stimme verändert hatte. Auch seine Hände strahlten nicht mehr dieselbe Ruhe aus. Jetzt wurden sie hastig, ungeduldig und unbeherrscht. Mit schnellen Bewegungen berührten sie meine Knie, meine Schenkel und arbeiteten sich rücksichtslos zwischen meine Beine. Panik ergriff mich, warum faßte er mich so an? Ich wollte es nicht. Ängstlich versuchte ich, von seinem Schoß zu rutschen, doch seine fleckigen, großen Hände hielten mich fest. Seine Stimme klang hart, als er mir befahl, sitzen zu bleiben. Ich fühlte mich ihm hoffnungslos ausgeliefert. Immer noch war weit und breit kein Mensch zu sehen, und ich betete, er möge seine Hände aus meiner Hose lassen. Doch erbarmungslos arbeitete er sich vor. Plötzlich spürte ich einen Stich, ein Brennen – er versuchte, in mich einzudringen. Obwohl ich mich verzweifelt wehrte, strampelte, kratzte, boxte, weinte und bettelte, ließ er nicht von mir ab.

Es kostet mich sehr viel Kraft, an dieser Stelle weiterzuerzählen. Als er mich endlich losließ, hatte ich einen widerlichen, pelzigen Geschmack im Mund, mein Gesicht war naß und verklebt, und mein Unterleib tat höllisch weh. Trotz quälender Schmerzen rutschte ich von der Bank und rannte davon. Hinter einer Hecke ließ ich mich fallen und blieb regungslos liegen. Ich verspürte Übelkeit und Brechreiz und wollte nie mehr aufstehen. Alles in mir war zusammengebrochen. Am liebsten hätte ich mich in Luft aufgelöst. Aber mein Vater, der sich wieder angezogen hatte, kam auf mich zu. Äußerlich deutete nichts mehr darauf hin, daß er vor wenigen Minuten seine dreizehnjährige Tochter vergewaltigt hatte. Er hob mich auf und hielt mich zärtlich in seinen Armen. Ich weiß nicht mehr, ob ich noch versuchte, mich zu wehren. Ich weiß nur noch, daß wir schweigend aus dem Fasanengarten gingen. Auf dem Rückweg wurde mir klar, daß ich niemanden hatte, dem ich von meinem Erlebnis erzählen konnte.

Als wir wieder zu Hause waren, schloß ich mich schnell im Badezimmer ein. Meine Hose war an der Innenseite naß und klebrig, und alles fühlte sich dick und wund an. Behutsam wusch ich mich. Das Blut an meinen Schenkeln beunruhigte mich weniger als die Angst davor, irgendwann das Badezimmer verlassen zu müssen. Doch es mußte sein, wollte ich nicht meiner Stiefmutter oder meinen Geschwistern auffallen. Niemals sollten sie erfahren, was er mir angetan hatte. Ich würde nun also die Treppe nach unten gehen, so unbefangen wie möglich „hallo" sagen und versuchen, mir nichts anmerken zu lassen. Hoffentlich würde ich meine Schmerzen beim Gehen und Sitzen verbergen können und meinem Vater nicht in die Augen sehen müssen.

Ich weiß heute nicht mehr, woher ich die Kraft genommen habe, die Stunden bis zum Schlafengehen zu überstehen. Wahrscheinlich war ich durch meine bisherigen Erlebnisse doch schon ganz schön abgehärtet.

Vier Wochen wohnte ich nun schon bei meinem Vater. Ich besuchte wieder die Schule und bekam Nachhilfestunden, um versäumten Unterricht nachzuholen. Durch mein Erlebnis mit meinem Vater war ich um Jahre gereift. Ich wußte nun, was ich wollte: so schnell wie möglich erwachsen werden und unabhängig sein. Schnell hatte ich begriffen, daß mir ein guter Schulabschluß helfen würde, eine geeignete Lehrstelle zu finden. Dann würde ich Geld verdienen, könnte ausziehen und mich auf meine eigenen Füße stellen. Vielleicht würde ich sogar heiraten und Kinder bekommen. Meinen Kindern wollte ich geben, was ich nie hatte: Liebe und Geborgenheit. Um mein Ziel zu erreichen, lernte ich fleißig. Da ich ein gutes Sprachgefühl hatte, fiel es mir leicht, Englisch und Französisch zu lernen. Wirklich pauken mußte ich nur in meinen schwächeren Schulfächern: Mathematik, Chemie und Physik. Auch Musik machte mir großen Spaß. Alles, was mit

Rhythmus und Klang zu tun hatte, steckte mir im Blut. Zu Hause ging es mir eigentlich gut. Mit Irene hatte ich mich schnell angefreundet und verbrachte viel Zeit bei den Hasen und Kaninchen. Meine Geschwister waren höflich und nett zu mir, nur mit Bruno und Walter konnte ich nicht warm werden. Bruno war ein Einzelgänger. Er war sehr zurückhaltend und die meiste Zeit in seinem Zimmer oder beim Sportverein. Walter, der Älteste, wohnte mit seiner Familie im Hinterhaus und sprach selten ein Wort mit mir. Seine Frau hatte ich überhaupt noch nicht gesehen, und die drei Kinder kamen nur noch äußerst selten herüber.

Seltsame Weihnachten

Weihnachten stand vor der Türe; mein erstes Weihnachtsfest, das ich in einer Familie erleben durfte. Ungeduldig wartete ich auf den großen Tag. Die ganze Familie, alle wollten kommen, Brüder und Schwestern mit ihren Familien. Den ganzen Tag über herrschte eifrige Betriebsamkeit im Hause der Familie Steck, und als es Abend geworden war, hatten sich alle versammelt: Brüder, Schwestern, Schwäger und Schwägerinnen und viele Kinder. Alle waren da bis auf Adelheid, die Frau meines älteren Bruders. Doch es störte mich nicht. Ich war viel zu beschäftigt, das ganze Treiben zu beobachten. Schüchtern hatte ich mich auf einen Stuhl gesetzt und schaute auf die vielen Gesichter und das lebhafte Gebaren der Kinder. Es war mir doch noch alles sehr fremd. Doch ich wurde aus meinen Beobachtungen aufgeschreckt, mein Vater erschien und kündigte die Bescherung an. Seit jenem Erlebnis war ich ihm aus dem Weg gegangen. Ich sprach wenig mit ihm und war ständig darauf bedacht, nie mit ihm alleine zu sein. Ängstlich sah ich zu Boden, als er mir feierlich ein kleines Paket in den Schoß legte. „Das ist von Mama und mir", erklärte er und lächelte mich an. Neugierig öffnete ich das Päckchen und fand einen roten Kassettenkoffer mit Musikkassetten. Überrascht sah ich auf und bedankte mich – sie hatten mir wirklich eine Freude gemacht. Auch die anderen hatten inzwischen ihre Geschenke geöffnet und redeten aufgeregt durcheinander. Keiner hatte bemerkt, daß Adelheid im Türrahmen stand. „Komm rein, Adelheid!" forderten meine Geschwister sie auf, doch sie rührte sich nicht vom Fleck. „Jetzt komm schon, stell dich nicht an", schimpfte Walter, ihr Mann, und klopfte mit der Hand auf den freien Platz neben sich. Doch Adelheid schüttelte den Kopf, holte tief Luft und rief: „Daß ihr euch alle nicht schämt! Sitzt hier neben dieser Brut und tut so, als wäre nichts passiert. Ihr seid jahrelang belogen worden, keiner wußte von der da, und jetzt tut ihr so, als gehöre sie zu euch. Solange die da ist, betrete ich nicht mehr die Wohnung!" Damit drehte sie sich um und ging hinaus. „Spinnt die jetzt?" unterbrach mein Vater kopfschüttelnd das Schweigen und sah etwas unsicher zu seiner Frau hinüber. Sie zuckte die Achseln und versuchte, auf ein anderes Gesprächsthema überzuleiten. Ich saß da wie versteinert. Brut hatte sie mich genannt. Hilfesuchend blickte ich in die Runde. Doch das Thema schien vergessen, niemand wollte mit mir darüber reden. Für mich war das Weihnachtsfest vorüber, ich wollte alleine sein. Ich schlich die Treppen hinauf in mein Zimmer. Dort legte ich mich auf mein Bett und überlegte. Warum war sie so böse auf mich? Ich hatte ihr doch nichts getan. Was wohl in den Köpfen meiner Geschwister vorging? Wäre es ihnen auch lieber, wenn ich niemals aufgetaucht wäre? Ich zog mein Nachthemd über und verkroch mich in mein Bett. Plötzlich fühlte ich mich schrecklich müde. Ich träumte von meinen Geschwistern und von Adelheid. Sie kamen alle geschlossen auf mich zu und versuchten, mich an die Wand zu drücken. Es war ein schrecklicher Traum, und ich war froh, als ich wieder aufwachte. Schlaftrunken blinzelte ich auf die Uhr, es war schon Mitternacht vorbei. Gerade als ich mich umdrehen wollte, um weiterzuschlafen, hörte ich plötzlich ein leises

Knarren. Erschrocken hob ich den Kopf und starrte zur Türe. Sie öffnete sich leise. Zuerst konnte ich nicht sehen, wer vor mir stand, doch bald erkannte ich meinen nächtlichen Besucher. Es war mein Vater.

Wer würde mir schon glauben?

Ich wickelte die Bettdecke fester um mich und zog die Beine an. Hoffentlich würde er nicht merken, daß ich wach war! Krampfhaft kniff ich meine Augen zusammen und wagte mich nicht zu rühren. Da spürte ich schon die Hand meines Vaters unter der Decke, die suchend nach meinem Körper tastete. Es gab kein Entkommen. „Sei bloß still!" zischte er, als er sich auf mich legte. Ich hatte panische Angst, aber ich brachte keinen Laut über die Lippen! Mit aller Kraft versuchte ich meine Beine anzuziehen, um mich zu schützen. Doch er war stärker als ich. Ich war nicht fähig, zu schreien oder um Hilfe zu rufen, ich war nicht einmal fähig zu weinen. Alles in mir war wie gelähmt. Es ekelte mich. Ich wollte nur noch hier und sofort sterben. Wieder hatte ich Schmerzen zwischen den Beinen, die Schenkel waren aufgerieben, und mein Bettuch färbte sich rot. Doch ich registrierte es kaum, ich wollte nur noch die Augen zumachen und nie mehr aufwachen. Mein Vater rang mir das Versprechen ab, niemandem ein Sterbenswörtchen zu sagen. Denn ich sei an dem, was vorgefallen war, genauso beteiligt und mache mich schuldig. Außerdem drohte er mir grausame Strafen an, wenn ich nicht gehorchen würde. Dies alles sagte er mir in einem Ton, der keinen Widerspruch zuließ. Danach strich er mir über die Haare und meinte: „Wirklich, du bist die hübscheste von allen, nie wäre ich bei Irene oder Waltraud auf solche Ideen gekommen. Ich freue mich schon auf das nächste Mal." Damit verließ er das Zimmer, und ich blieb alleine zurück. Endlich konnte ich weinen. Den Rest der Nacht blieb ich wach liegen, immer wieder auf das Knarren der Türe lauernd.

Am nächsten Morgen war ich erschöpft und hatte große Schmerzen bei jeder Bewegung. Meine Stiefmutter hatte den Blutfleck in meinem Bett bald entdeckt und hielt mir lächelnd eine Packung Damenbinden entgegen. „Das vergeht wieder", erklärte sie mir. „In einer Woche hören die Blutungen auf, das hat jede Frau, davor brauchst du keine Angst zu haben. Jetzt weiß ich auch, warum du heute so blaß und krank aussiehst." Wie gerne hätte ich ihr mein Herz ausgeschüttet, doch ich hatte nicht den Mut dazu und schämte mich zu sehr. Außerdem hatte ich Angst davor, auch von ihr beschimpft zu werden, da sie die Frau meines Vaters war und sicher eher zu ihm hielt als zu mir. Zudem: wer würde mir schon glauben?

„Heimgeschädigt"

Die Zeit verging. Ich sollte nun bald die siebte Klasse der Realschule besuchen und war stolz darauf. Es war Sommer, wir hatten Ferien und verbrachten unsere Freizeit im Grünen, an einem nahegelegenen See oder in der Scheune bei den Hasen und Hühnern. Eigentlich hätte ich glücklich sein können. Doch ich war ständig bedrückt, denn die nächtlichen Besuche meines Vaters zehrten an mir. Ich war ein schreckhaftes und nervöses Kind, hatte Schlafprobleme und Angst vor allem, was männlich war. Keiner durfte mir zu nahe kommen, auch nicht beim Spielen. Ich haßte Umarmungen, ja ich konnte es kaum ertragen, mich selbst zu berühren. Während meine Schulkameradinnen, die fast alle jünger waren als ich, schon ihre ersten Verabredungen trafen, zog ich mich zurück. Inzwischen vierzehn Jahre alt, unterschied ich mich wesentlich von meiner gleichaltrigen Schwester. Irene war viel größer als ich, wog fast das Doppelte, war unternehmungslustig und selbstbewußt. Sie wußte immer genau, was sie wollte, und setzte ihren Willen wortgewandt und zielstrebig durch. Ich dagegen hatte nicht gelernt, meine Wünsche und Bedürfnisse zu äußern.

Man nahm mich nicht ernst, und ich fühlte mich gegenüber anderen Kindern minderwertig und fand selten den Mut, mich ihnen anzuschließen. Zudem hatte ich oft qualvolle Schmerzen beim Sitzen und trug fast nur noch Röcke, da sie meinen Unterleib nicht so einengten. Meine Oberschenkel waren oft wund gescheuert und schmerzten beim Gehen, doch ich hatte gelernt, damit zu leben, und legte eine gewisse Gleichgültigkeit an den Tag.

Ich wurde fünfzehn Jahre: ein zierliches Mädchen mit langen, dunklen Locken und grünen Augen. Ich achtete nicht sehr auf mein Äußeres. Das anormale Interesse meines Vaters an mir entwürdigte mein Verhältnis zu meinem Körper und zu meinem Aussehen. Noch immer kam er in der Nacht zu mir. Ich ließ mich willenlos benutzen, um ihn nicht zu verärgern. Im Laufe der Zeit hatte ich gelernt, mit „der Sache" gleichgültig umzugehen. Ich wurde schneller und mit weniger Schmerzen wieder entlassen, wenn ich mich nicht wehrte. Also starrte ich an die Decke, während er auf mir lag, und versuchte an etwas anderes zu denken. Sein Atmen signalisierte mir, wie lange es noch dauern würde, und wann er mich in Ruhe lassen würde. Keines meiner Familienmitglieder ahnte, warum ich so schweigsam und zurückhaltend war. Sie hielten mich alle für etwas seltsam und nannten mein Verhalten „heimgeschädigt".

Nun seit zwei Jahren bei meiner Familie, hatte ich die Hoffnung auf eine unbeschwerte Kindheit aufgegeben. Ich lebte nur noch in einer Traumwelt und glaubte, als Erwachsene keine Probleme mehr zu haben. In meinen Augen hatten die Erwachsenen ihr Leben in der Hand, brauchten vor niemandem mehr Angst zu haben. Niemand konnte sie quälen oder ihnen das Leben schwermachen. Mit diesem Ziel vor Augen lernte ich fleißig. Erst im Sommer 1977 – ich hatte gerade meinen sechzehnten Geburtstag gefeiert – änderte sich mein Leben zum sechstenmal entscheidend.

Meine Stiefmutter, Irene, mein Vater und ich waren schwimmen gegangen, um uns nach der Arbeit im Garten zu erfrischen. Am Vormittag hatten wir alle Hasenställe ausgemistet, die Scheune ausgekehrt und die Hühner und Tauben auf der Hühnerfarm meines Vaters versorgt. Anschließend waren wir in den Garten gegangen. Mir machte diese Arbeit Spaß. Wenn ich die Tiere fütterte, hatte ich das Gefühl, gebraucht zu werden; es machte mich zufrieden, für die Sauberkeit der Ställe zu sorgen und zu den Hasen und anderen Tieren zu sprechen. Heute hatte die Familie mit Hand angelegt, und nun waren wir alle müde und sehnten uns nach einer kühlen Erfrischung. Inzwischen hatte ich schwimmen gelernt und keine Angst mehr vor tiefem Wasser. Ich paddelte vor mich hin, als plötzlich mein Vater neben mir auftauchte und mich bat, ihm zu folgen. Widerwillig schwamm ich hinter ihm her – er entfernte sich immer mehr vom Ufer. Hinter einer Pflanzengruppe hielt er an. Hier war das Wasser wieder seicht, und ich war froh, wieder Boden unter den Füßen zu haben. Mein Vater forderte mich auf, mich neben ihn, hinter eine Hecke zu stellen. Seine Hände faßten in meine Badehose und bohrten sich in meinen Unterleib. Es tat sehr weh, und ich schrie entsetzt auf. Panisch versuchte ich, mich loszureißen. Doch er zwang mich stillzuhalten. Ich wußte, daß es rücksichtslos weitergehen würde. Ich biß mir auf die Lippen, um die Schmerzen auszuhalten. Es dauerte eine Ewigkeit, bis er endlich von mir abließ, mich auch noch küßte und davonschwamm. Ich ließ mich völlig erschöpft in den Sand fallen und blieb wimmernd liegen. Mir war kalt, ich hatte starke Krämpfe im Unterleib und glaubte, sterben zu müssen. Ich wurde von einer Gruppe Frauen gefunden. Eine der Frauen war Lehrerin an meiner Schule, sie brachte mich zu einem Arzt. Es fiel dem Arzt nicht schwer, festzustellen, was passiert war. Er kannte meinen Vater und war sichtlich verblüfft, als ich erzählte, daß er für meine Verletzungen verantwortlich war.

Nun wurde ich zum viertenmal in ein Heim geschickt. Es berührte mich kaum. Ich wußte, daß ich nicht lange dort bleiben würde. Nach meiner Schulausbildung würde ich mir eine Lehrstelle suchen. Mein Traumberuf war, Säuglings- oder Kinderschwester zu werden. Ich hatte selbst erfahren, wie es war, als ausgestoßenes und ungeliebtes Kind aufzuwachsen, und wollte nun Kindern, die sich in ähnlicher Lage befanden, helfen. Doch wie so oft sollte es anders kommen, als ich es mir vorgestellt hatte.

„Bestanden!"

Das Heim, in dem ich jetzt untergebracht worden war, befand sich in einer ehemaligen Jugendherberge. Die dort lebenden Jugendlichen – fast alle in meinem Alter – waren zum Teil sehr grob und kalt; es fiel mir sehr schwer, mich dort einzuleben. So zog ich mich in mein Zimmer zurück und beteiligte mich nicht an den Unternehmungen der anderen. Meine Zimmerkollegin war wie ich mehrmals vergewaltigt worden, sie weinte ständig und drohte mit Selbstmord. Sie erzählte, daß sie zwölf Jahre bei ihren Eltern gelebt hatte und dort sehr glücklich gewesen war. Doch dann ließen sich ihre Eltern scheiden, und zwei Jahre später heiratete ihre Mutter erneut. Zwei Wochen nach der Hochzeit wurde sie von ihrem Stiefvater vergewaltigt. Roswitha schien das nicht verkraften zu können, und ich sah meine „Theorie" bestätigt, die mir immer wieder Kraft gab, alles durchzustehen. Diesen Grundsatz hatte ich auch in mein Tagebuch geschrieben. Er lautete: „Einmal verweichlicht – immer weich, einmal abgehärtet – immer hart."

Roswitha tat mir leid, doch ich konnte ihr nicht helfen. Schließlich ging mir ihr ständiges Gejammere auf die Nerven, und ich sagte ihr ins Gesicht, daß sie mit ihrem Selbstmitleid nicht weiter käme. Roswitha war zutiefst beleidigt und räumte noch am gleichen Tag ihr Zimmer. Ich bekam einen Verweis von der Heimleiterin und die Empfehlung, mich in Zukunft aus Dingen rauszuhalten, die mich nichts angingen. Der Tadel verletzte mich, denn ich hatte das Gesagte nicht böse gemeint. Mir waren einfach die Nerven durchgegangen. Immerhin hatte ich selber auch große Probleme und Mühe, damit fertig zu werden. Ich fühlte mich mißverstanden und ungerecht behandelt, doch da es mir nicht lag, zu widersprechen, schluckte ich den Protest runter und vergrub mich in meine Schulbücher. Heimlich besorgte ich mir regelmäßig die Lokalzeitung und suchte nach Stellenangeboten. Ich hatte mir in den Kopf gesetzt, gleich nach der mittleren Reife arbeiten zu gehen und ein selbständiges Leben zu führen. Ich bewarb mich als Säuglingsschwester, Krankenschwester, medizinisch-technische Assistentin und als Erzieherin. Doch es kamen nur Absagen zurück. Bald gab ich es auf, nach einer Arbeitsstelle zu suchen, da ich für die Prüfung lernen mußte. Ich hatte große Mühe, mich auf ein Thema zu konzentrieren, weil ich keinen Sinn in der ganzen Lernerei finden konnte. Oft war ich so deprimiert, daß ich an Selbstmord dachte. Doch irgend etwas in mir zog mich weiter, spornte mich an.

Prüfung

Aufgeregt fieberte ich den Prüfungswochen entgegen. Endlich war es so weit, die Spannung in der Klasse war auch unerträglich geworden. In Deutsch, Englisch und Französisch hatte ich, wie erwartet, keine Probleme, obwohl ich nicht ein einziges Mal in die Vokabelhefte und Grammatikbücher geschaut hatte. Biologie und Geschichte fielen mir schon schwerer, und als ich die Mathematikprüfung hinter mir hatte, glaubte ich, nicht bestanden zu haben. Schon hing ich trüben Gedanken nach und begann, mich wieder allen anderen Menschen gegenüber minderwertig zu fühlen, als endlich die Ergebnisse bekanntgegeben wurden. Wir saßen alle bis zum Zerreißen gespannt auf unseren Plätzen. „Rolf Schuster: 1,4", setzte unser Schulleiter an und reichte dem Schüler eine Urkunde. „Tanja Kaufmann 1,6", las er weiter vor. Ich beneidete die beiden um ihre Leistungen und fragte mich, warum ich nicht zu so etwas fähig war. Bei der Note 3,0 war mein Name immer noch nicht aufgerufen worden. Mutlos ließ ich den Kopf hängen und rechnete nicht einmal mehr damit, noch über die Note 4,0 gekommen zu sein. Da wurde ich aufgerufen. Aus meinen Gedanken gerissen, starrte ich den Schulleiter an, der mir ungeduldig ein Blatt entgegenhielt. Ich stolperte nach vorne und riß es ihm fast aus der Hand. Ich konnte es nicht glauben. Gunda Schneider und ein Noten-durchschnitt von 3,2. War das auch kein Irrtum? Hatte ich wirklich bestanden? Ganz schwindlig vor Freude ließ ich mich auf meinem Stuhl fallen und konnte den Blick nicht von diesem Papier wenden. Nun sollten sich meine Träume doch noch erfüllen, und ich würde endlich ein menschenwürdiges Leben führen können.

Zurück nach Frankfurt

Gleich am nächsten Tag kaufte ich mir alle Zeitungen, die ich bekommen konnte. Zudem gab ich selbst zwei Inserate auf. Kurz darauf wurden mir in Garmisch-Partenkirchen, München, Kassel und Frankfurt Stellen angeboten. Das Schreiben aus Frankfurt interessierte mich am meisten. Ein Apotheker bot mir eine Lehrstelle als Apothekenhelferin an. Ich schaute auf den Absender. Tatsächlich, die Apotheke war nicht weit entfernt von dem Haus, in dem ich einmal gewohnt hatte. Maria fiel mir ein. Sie mußte nun zwölf Jahre alt sein und war sicher groß und hübsch geworden. Kurzentschlossen nahm ich

Stift und Papier zur Hand und schrieb: „Sehr geehrter Herr Wehrstedt. Ich bedanke mich für Ihr Angebot und würde mich sehr freuen, mich persönlich bei Ihnen vorstellen zu dürfen." Vierzehn Tage später erhielt ich die Antwort. „Sehr geehrtes Fräulein Schneider. Wir freuen uns über Ihr Interesse und würden Sie gerne am 29. dieses Monats um 13.00 Uhr zu einem persönlichen Gespräch bei uns begrüßen. Mit freundlichen Grüßen L. Wehrstedt." Am 29. Mai 1978, das war ein Tag vor meinem siebzehnten Geburtstag. Ich überlegte angestrengt, wie ich es schaffen sollte, an diesem Tag das Haus zu verlassen, um nach Frankfurt zu fahren. Es würde mir nichts anderes übrigbleiben, als es wieder heimlich zu tun. Ich war noch nicht volljährig und glaubte nicht, daß die Heimleitung zu dem Vorstellungsgespräch ihr Einverständnis geben würde. Viel hatte ich nicht zusammenzupacken. Es waren nur ein paar Bücher, einige Kleidungsstücke und mein alter Schulranzen. So ausgerüstet verließ ich an besagtem Tag mein Zimmer. Wieder einmal gelang es mir, aus dem Heim zu fliehen, um an anderer Stelle mein Glück zu suchen. Der Weg nach Frankfurt war nicht weit. Mit dem Geld, das ich mir außerhalb des Heimes als Babysitter verdient hatte, kaufte ich mir eine Fahrkarte. Mein Vorstellungsgespräch verlief erfreulich. Herr Wehrstedt war ein netter älterer Herr, den anscheinend nichts aus der Ruhe bringen konnte. Er zog gemütlich an seiner Pfeife und erzählte mir von seinem Hobby, dem Skatspielen. Ich erfuhr, daß er ein guter Bekannter meines Stiefvaters war und ihn regelmäßig beim Karten-Spielen traf. Es störte mich nicht. Sollte er doch der Freund meines Stiefvaters sein, mir war das egal. Ich wollte nur eines, meine kleine Schwester Maria wiedersehen. Am 1. Juli 1978 sollte meine Lehre als Apothekenhelferin beginnen. Es war zwar nicht mein Traumberuf, aber ich war froh, nach so langem Suchen endlich etwas gefunden zu haben.

Nach dem Gespräch mit Herrn Wehrstedt entschied ich, meine Eltern zu besuchen. Was konnte mir schon passieren?

Ich hatte keine Angst, nur ein flaues Gefühl in der Magengegend. Maria ließ mich ein. Sie schien mich im ersten Augenblick nicht zu erkennen. Doch dann rief sie freudig meinen Namen. Alles war unverändert. Meine Mutter stand in der Küche am Herd, während mein Stiefvater im Wohnzimmer saß und in der Zeitung blätterte. Als sie mich sahen, waren sie sehr überrascht, doch sie empfingen mich zurückhaltend und sachlich. Um peinliche Fragen gar nicht erst aufkommen zu lassen, verschwand ich schnell mit Maria in ihrem Zimmer. Dort erfuhr ich, daß sie tatsächlich das Gymnasium besuchte und recht zufrieden zu sein schien. Sie erzählte von ihren vielen Freundinnen, der Schule, den Lehrerinnen und ihrem Wunsch, einmal Ärztin zu werden. Ich gönnte ihr den Erfolg. Anschließend berichtete ich von meiner bestandenen Prüfung und der bevorstehenden Lehre als Apothekenhelferin. Als Maria erfuhr, daß die Apotheke gleich um die Ecke war, rief sie: „Mensch, dann kannst du ja wieder zu uns kommen!" – „Ach, ich weiß nicht, Maria", antwortete ich unsicher. Mir war der Gedanke nicht geheuer, wieder in dieses Haus zu ziehen, in dem so viele schmerzlichen Erinnerungen hafteten. Auch wußte ich nicht, was meine Eltern dazu sagen würden. Auf der anderen Seite mußte ich eine Wohnung in Frankfurt finden und würde mit meinem Lehrlingsgehalt nicht viel Auswahl haben. Beim Abendessen fragten meine Eltern, wie es mir in den letzten Jahren ergangen war. Ich erwähnte nichts von meinem Vater, sondern erzählte stolz von meinem Erfolg in der Schule und meiner neuen Lehrstelle bei Herrn Wehrstedt. „Wo wohnst du denn dann?" fragte meine Mutter und sah mir neugierig ins Gesicht. Ich zuckte mit den Schultern und stopfte mir schnell eine Gurke in den Mund. „Na ja, du könntest erst mal bei uns wohnen", schlug mein Stiefvater vor. Hilfesuchend sah ich zu Maria. Was sollte ich tun?

Alles beim alten

Die Nacht verbrachte ich in meinem ehemaligen Zimmer. Ich wurde nicht schlau aus meinen Eltern. Warum luden sie mich immer wieder ein, nachdem es doch auf der Hand lag, wie wenig sie mich mochten. Ich machte mir Vorwürfe. Warum hatte es mich wieder nach Frankfurt gezogen? Ging es wirklich nur um Maria? Natürlich fand ich keine Antwort darauf, die Sache war viel zu kompliziert, und ich beschloß, mich erst einmal auf die Suche nach einem billigen Zimmer zu machen. Meine Mutter hatte inzwischen auch wieder zu arbeiten angefangen und war den ganzen Tag außer Haus. So redete mir bei der Zimmersuche niemand dazwischen. Nach zwei Monaten hatte ich immer noch keines gefunden. Wohl gab es einige Angebote, doch ich mußte jedesmal absagen, da die Preise zu hoch für mich waren. Der Tag, an dem ich meine Arbeitsstelle antreten sollte, rückte näher. Mein Anfangsgehalt betrug 321 Mark, von denen ich 200 Mark an meine Eltern abgeben mußte. So blieb nur sehr wenig Geld für meine persönlichen Bedürfnisse übrig. Ich spürte, wie ich wieder in jene alte Abhängigkeit rutschte, aus der ich mich doch mit allen Mitteln zu befreien versucht hatte. Doch zunächst blieb mir keine andere Wahl, als bei meinen Eltern zu wohnen. Zunächst ging ich meine eigenen Wege. Doch bald mußte ich mir wieder vorschreiben lassen, wann ich zu Hause zu sein hatte. Besuche waren nicht erlaubt, und ich durfte nur mit der Genehmigung meiner Eltern Überstunden machen, da ich wieder für den Haushalt und die Küche zuständig war. Es kam häufig zu Streitigkeiten.

Wochen und Monate vergingen, und ich begann, meine Entscheidung zu bereuen. Auch mein Arbeitsplatz entsprach nicht meiner Vorstellung. Die Frau meines Chefs war sehr streitsüchtig und nutzte meine Gutmütigkeit und Unsicherheit schamlos aus. In der Berufsschule war ich eine Außenseiterin. Doch von Anfang an fiel mir das Lernen nicht schwer.

Ich hatte mir zum Ziel gesetzt, die Schule erfolgreich abzuschließen. Damit glaubte ich, dann endlich frei zu sein. Bald war ich Klassenbeste. Das Lob meiner Lehrer tat mir gut. Während meine Klassenkameradinnen bis auf wenige Ausnahmen schon feste Freunde hatten, war ich noch immer alleine. Ich hatte Angst vor Männern und ließ keinen an mich heran. Der Gedanke an körperliche Nähe schreckte mich ab.

Selbstverletzung

Es wurde Winter. Noch immer lebte ich bei meinen Eltern. Mein Verhältnis zu ihnen war nach wie vor gespannt, herzlos und kühl. Ihre Gegenwart bereitete mir Unbehagen, und ich war wieder sehr schwermütig geworden. Obwohl ich bereits siebzehn Jahre alt war, wurde ich geschlagen und gedemütigt. Alles war beim alten. Während Maria Freiheit, Verständnis und Liebe genoß, wurde ich eingeschlossen, mit Arbeit überhäuft und ständig daran erinnert, wie lästig ich meinen Eltern war. Mir blieb keine Zeit und Energie mehr, mich um eine eigene Wohnung zu kümmern. Doch mit jedem Tag wurde die Sehnsucht nach Freiheit stärker. Ich wollte und konnte nicht mehr so weiterleben. Die Angst vor meinen Eltern erdrückte mich. In mir hatte sich der Gedanke festgesetzt, daß ich mir körperlichen Schaden zufügen mußte, um in die Obhut mitfühlender Menschen zu kommen und Zuwendung zu finden. Ich träumte davon, mir das Rückgrat zu brechen und mein Leben im Rollstuhl zu verbringen. Dies wurde zu einer fixen Idee, und bald schlug ich mir mit dem Hammer auf den Rücken, ließ mich gegen die Türkante fallen und versuchte alles, um mir weh zu tun. Doch ich schien unverletzbar zu sein. Ich dachte mir die verrücktesten Sachen aus: So schluckte ich Schlaftabletten und träumte davon, in letzter Minute gefunden zu werden, doch am nächsten Morgen wachte ich nur mit einem leichten Übelkeitsgefühl auf. Da faßte ich den Entschluß, mir in der Apotheke Säure über die Hand zu schütten. Gleich bei der ersten Gelegenheit schlich ich mich in unser Labor und suchte mir eine Flasche mit Schwefelsäure und eine mit Salpetersäure aus. Kurzentschlossen goß ich den Inhalt beider Flaschen über meine rechte Hand, denn die linke schien mir als Rechtshänderin unbedeutend zu sein. Es ist schwer nachzuvollziehen, aber ich hatte keine Angst, sondern wartete nur sehnsüchtig auf eine Reaktion meiner Haut. Doch nichts geschah. Ich spürte weder Schmerzen, noch verfärbte sich die Haut meines Handrükkens. Enttäuscht räumte ich die leeren Flaschen auf ihren Platz und öffnete das Fenster, denn die Säuren verbreiteten einen üblen Gestank, und ich befürchtete, entdeckt zu werden. Anschließend ging ich meiner Arbeit nach. Immer wieder untersuchte ich meine Hand, doch es war nichts zu sehen. Die Stunden verstrichen. Erst als ich von einer Arbeitskollegin aufgefordert wurde, eine Arzneilieferung auszuzeichnen, und einen Stift zur Hand nahm, um die Preisetiketten zu beschriften, fielen mir die ersten Veränderungen auf meinem Handrücken auf. Tatsächlich, da hatten sich kleine, weiße Bläschen gebildet. Hocherfreut beobachtete ich, wie sich meine Haut veränderte. Ich hatte keine Schmerzen, doch es war bald deutlich zu sehen, wie sich meine Haut mehr und mehr auflöste. Bald war sie mit einem grauweißen Belag übersät, schwoll an und fühlte sich heiß und pelzig an. Es beunruhigte mich nicht im geringsten, daß ich bald keinen Stift mehr halten konnte, sondern ich wartete gespannt darauf, was noch kommen würde. Auch zu Hause ließ ich meine Hand nicht aus den Augen. Erst in der Nacht bekam ich Schmerzen, die mit jeder Stunde stärker wurden, ich freute mich, meinem Ziel näherzukommen. Nun würde endlich irgend etwas passieren. Am nächsten Tag hatte sich meine Hand stark verändert. Sie war doppelt so dick wie meine Linke und sah grau und schwammig aus. Die Haut hatte sich bis zu den Fingern aufgelöst, es sah widerlich und furchterregend aus, doch ich freute mich darüber. Ich ging auch an diesem Tag zur Arbeit. Meine Hand hatte ich verbunden und meinen Arbeitskolleginnen erklärt, daß ich mich verletzt hatte. Als es Abend wurde, schmerzte meine Hand so stark, daß ich nun doch Angst bekam. Aber ich wollte abwarten, noch schien mir alles zu harmlos zu sein. Erst als meine Arbeitszeit vorüber war und sich der Schmerz über den ganzen Arm zog, suchte ich einen Arzt auf. Dr. Schelling, der Hautarzt, sah mich entgeistert an. So etwas hatte er noch nie gesehen. Tatsächlich war meine Hand zu einem grauen Fleischklumpen aufgedunsen. Die Säure hatte sich durchgefressen und war bereits bei den Knochen angelangt. Dr. Schelling konnte nicht begreifen, wie ich die Schmerzen so leicht ertragen konnte. Er untersuchte meinen Arm, drehte und betastete ihn und holte tief Luft, als er einen dicken roten Streifen entdeckte, der nun auch mir ganz deutlich auffiel. Er ließ mich sofort ins Krankenhaus einliefern: Blutvergiftung! Ich hatte immer noch keine Angst, sondern war zufrieden, daß ich nicht nach Hause zurück mußte. Dafür war mir jedes Opfer recht.

Endlich einmal im Mittelpunkt

Natürlich wollten die Ärzte im Krankenhaus wissen, wie es zu meiner Verletzung gekommen war. Doch ich sagte nichts. Ich befürchtete, daß sie mich nicht verstehen würden, und hatte Angst, bestraft zu werden. Außerdem tat es mir gut, endlich einmal im Mittelpunkt zu stehen. Alle rannten wegen mir durcheinander. Besonders beunruhigt schienen die Ärzte über den roten Streifen an der Innenseite meines Arms zu sein. Ich sollte noch am selben Abend operiert werden. Heute weiß ich nur noch, daß ich in dem Moment, in dem mir ein Arzt eine lange Nadel in die Vene stach, meine Tat bereute und mich weit fort von diesem Krankenhaus wünschte. Doch es gab kein Zurück mehr. Für die folgenden Stunden fehlt mir jegliche

Erinnerung. Als ich aus der Narkose erwachte, sah ich einen Mann in weißem Kittel, der beruhigend auf mich einredete und mich ständig nach meinem Namen fragte. Ich konnte nicht antworten, denn ich hatte starke Halsschmerzen. Zudem hatte ich in beiden Beinen schmerzhafte Krämpfe und wußte nicht, wie ich es sagen sollte. Doch der Arzt schien meine Not erkannt zu haben und gab mir eine Spritze. Erst jetzt ließen die Schmerzen nach. Mein Bett stand zwischen einem Schreibtisch und einem hohen weißen Regal. Ich erkannte: Dieses Zimmer war kein Krankenzimmer. Eine freundliche Ordensschwester erklärte mir, daß ich nach der Operation laut schreiend um mich geschlagen hatte und durch nichts zu beruhigen gewesen war. Ich mußte meine ganze Lebensgeschichte herausgeschrien haben, denn die Schwester wußte von den nächtlichen Besuchen meines Vaters und versprach mir, daß ich hier in Sicherheit sei. In ihrer Not hatte sie mich in ein Schwesternzimmer geschoben, denn durch mein Geschrei weckte ich alle auf. Jetzt erst fiel mir ein, warum ich hier war. Meine rechte Hand war dick verbunden und an meinem linken Arm hing ein langer dünner Schlauch, der zu einer Flasche führte. Mehr konnte ich in dieser Nacht nicht mehr aufnehmen – völlig erschöpft schlief ich wieder ein. Immer wieder wurde ich von der Nachtschwester geweckt, die meinen Blutdruck überprüfte. Am nächsten Morgen schob mich eine junge Lernschwester in ein großes, helles Zimmer an das Fenster. Ich sah mich um: ein Vierbettzimmer. Meine Bettnachbarinnen waren alle älter als ich. Zwei von ihnen waren Ausländerinnen, die anscheinend kein Deutsch konnten. Die dritte Frau, eine Greisin, murmelte ständig vor sich hin und nahm kaum noch ihre Umwelt wahr. So lag ich recht verlassen in meinem Bett, untersuchte meine dick verbundene Hand und beobachtete die gleichmäßig tropfende Flüssigkeit, die durch den Schlauch in meinen linken Arm floß. Als eine Schwester kam und eine Schüssel Wasser auf mein Nachttisch-chen stellte, war ich zunächst richtig erleichtert, endlich wieder mit jemandem reden zu können. Doch dann erkannte ich, daß sie mich ausziehen und waschen wollte. Es gab nichts Schlimmeres für mich, als unbekleidet zu sein und Hände auf meiner Haut zu spüren. Panisch versuchte ich zu erklären, daß ich mich allein waschen könnte. Doch ich sollte schnell erkennen, daß es unmöglich war, sich mit einer verbundenen Rechten, einer Linken, an der ein Schlauch hing, und dazu noch im Bett liegend, gründlich zu reinigen. So mußte ich mit größtem Unbehagen zulassen, daß ich von der Krankenschwester gewaschen wurde. Danach schlief ich bald wieder ein. Erst gegen Mittag wurde ich von einer freundlichen, sanften Stimme geweckt. Es war ein junger Arzt, der meinen Puls prüfen wollte. Er schien in Ordnung zu sein, denn der Arzt nickte mir zu und verließ das Zimmer. Bald kam er jedoch mit mehreren Kollegen und Kolleginnen zurück. Alle versammelten sich um mein Bett. Die vielen neugierigen Blicke machten mir Angst – ich hätte mich am liebsten unter der Bettdecke versteckt. Doch der Oberarzt fragte: „Guten Morgen, Fräulein Schneider, alles in Ordnung?" Und zu seinen Kollegen gewandt: „Fräulein Schneider wurde mit einer akuten Blutvergiftung bei uns eingeliefert, und wir mußten sie noch gestern nacht operieren." Der Arzt nahm meine Hand und öffnete vorsichtig den Verband. Es schmerzte fürchterlich, und ich versuchte, ihm meine Hand zu entreißen. Doch er erklärte mir, daß ich diese Prozedur nun jeden Tag über mich ergehen lassen müßte. Bei der Operation hatte man die Haut meines Handrückens bis zu den Fingern abgenommen und das entfernte Fleisch durch eine feuchte, watteähnliche Gaze ersetzt. Es sah ekelerregend aus, als er endlich die Wunde freigelegt hatte. Doch noch schlimmer waren die Schmerzen, die ich ertragen mußte, als er den Verbandmull abnahm. Tränen liefen mir über das Gesicht, und ich mußte mehrmals laut aufschreien. Als ich endlich mit frisch verbundener Hand zurückgelassen wurde, war ich völlig erschöpft. Und das sollte sich nun jeden Tag wiederholen! Ich begann darüber nachzudenken, daß der Preis sehr hoch war, den ich zu zahlen bereit gewesen war, um meinen Eltern zu entkommen. Dazu kam noch, daß ich seit der Operation kein Wasser lassen konnte. Ich mußte mir zweimal einen Katheter legen lassen. Es kostete mich sehr viel Kraft, dieses Ding einführen zu lassen. Ich hatte davon Alpträume.

Geborgenheit auf Zeit

Ich lag drei Wochen im Krankenhaus. Von den Schmerzen abgesehen, ging es mir trotz allem gut. Ich bekam zwar kaum Besuch, doch ich genoß den Frieden und war froh, meinem bisherigen Leben für eine Weile entflohen zu sein. Die Ärzte hatten es aufgegeben, mich über die Ursache meiner Verletzung zu fragen, und waren äußerst vorsichtig und mitfühlend, wenn sie meine Hand verbanden. Ich mußte noch einmal operiert werden. Die Ärzte erklärten mir, daß sie für die geplante Hautverpflanzung ein Stück Haut von einem meiner Oberschenkel nehmen müßten. Bei dem Gedanken, meinen Körper schlafend fremden Männern ausliefern zu müssen, ergriff mich panische Angst. In der Nacht vor der Operation hatte ich schreckliche Träume, die mit Gewalt und Brutalität zu tun hatten. Am nächsten Morgen wurde ich gleich nach dem Waschen aufgefordert, mir das Operationshemd überzuziehen. Der Narkosearzt erkundigte sich, wie es mir ging, während er die Bettdecke hochhob und vorsichtig, aber energisch, mein Hemd nach oben schob, um meine Oberschenkel frei zu legen. Ich preßte mein Kopfkissen an mich und beobachtete mißtrauisch den Arzt. Dieser schüttelte überrascht den Kopf und meinte: „Da kann man unmöglich Haut entnehmen, beide Schenkel sind mit roten Flecken übersät." Er stand auf und verließ das Zimmer, ohne die Türe zu schließen. Ich blieb ebenso überrascht zurück und glaubte, nun der Operation entkommen zu sein. Doch schon kam der

Narkosearzt mit ein paar Kollegen zurück. Sie berieten sich in ihrem Ärztedeutsch und lächelten mir freundlich zu, während sie sich nochmals von jenem Phänomen überzeugten, das über Nacht ihre Pläne durchkreuzt hatte. Anscheinend hatten sie eine andere Lösung gefunden, denn ich landete dann doch noch im Operationssaal. Auch dieses Mal fehlt mir jede Erinnerung. Doch ich weiß noch, daß ich beim Erwachen als erstes einen Schmerz verspürte, den ich nicht lokalisieren konnte. Meine Hand war wieder verbunden, und an der Bettkante hing eine Flasche, die mit Blut gefüllt war, und deren Schlauch zu meinem Bauch führte. Über meinem Kopf war wieder eine Infusionsflasche angebracht. Ich war durstig, erschöpft und konnte mich nicht bewegen. Den Rest des Tages muß ich verschlafen haben. Erst am nächsten Tag registrierte ich, daß mein Blutdruck wieder regelmäßig kontrolliert und die Flaschen ausgewechselt wurden. Ich hatte noch immer diesen undefinierbaren Schmerz an meinem Bauch und wußte nicht, warum. Erst am Nachmittag kam ein Arzt, um sich nach meinem Befinden zu erkundigen. Er öffnete meinen Verband, und zum erstenmal konnte ich die Neugestaltung meiner rechten Hand sehen. Mein erster Eindruck war, daß sie mehr einer Affenhand als der eines Menschen ähnelte. Sie war flach und sah aus, als wäre sie hohl und durchgebogen. Meine neue Haut war wesentlich dunkler als die alte. Sie war mit unzähligen Fäden und Knoten angenäht worden. Es sah schrecklich aus, doch es belastete mich nicht. Ich hatte vielmehr Angst, daß ich nun bald entlassen würde. Nun erfuhr ich auch, daß meine neue Haut von meinem Bauch stammte und daher die Schmerzen rührten. Ich durfte mich seit der Operation nicht strecken und wurde im Rollstuhl gefahren. Langsam verheilte alles, die Schmerzen ließen nach, und der Verband an meiner Hand wurde nicht mehr erneuert. Durch regelmäßige Gymnastik sollte die Beweglichkeit meiner Finger wiederhergestellt werden. Weihnachten stand vor der Türe. Ich saß noch immer im Rollstuhl. Wohl hätte ich längst wieder laufen dürfen, doch ich genoß es, wenn man mir die Türe aufhielt oder in den Fahrstuhl half. Das Krankenhauspersonal übte Geduld und Nachsicht. Im Laufe der Zeit hatte man mir die Fäden gezogen. Jeden Tag zehn Stück, so hatte der Arzt gesagt und mir Mut zugesprochen. Doch ich sah in jedem gezogenen Faden den Tag näher rücken, an dem ich wieder nach Hause mußte.

Wir hatten alle ein kleines Weihnachtsgesteck mit einer dicken, roten Kerze auf unserem Nachttisch, und ich fühlte mich geborgen und beschützt in diesem Haus. So erschrak ich fürchterlich, als man mir sagte, daß ich noch vor Heiligabend entlassen würde. Das Bild von einer friedlichen Welt, das ich mir trotz der vielen Schmerzen aufgebaut hatte, fiel in sich zusammen. Angst vor der „Welt da draußen" schnürte mir die Kehle zusammen. Ich verbrachte qualvolle Tage. Am Abend vor meiner Entlassung lag ich in meinem Bett und starrte meine Hand an. Wie schnell sie doch verheilt war und wie kurz mein Traum von umsorgenden und mitfühlenden Menschen. Nun würde ich zwar eine Hand mit zwei deutlich sichtbaren, verschiedenen Hauttypen haben und eine lange Narbe am Bauch, aber wen würde es interessieren? Alles würde weitergehen wie bisher. Ich wollte nicht mehr in die „Welt da draußen", sie bedeutete nur seelische Qualen, und die schienen mir schlimmer zu sein als die körperlichen. Kurzentschlossen hielt ich meine Hand in die Flamme der Adventskerze. Es schmerzte, war heiß, doch ich zog meine Hand nicht zurück, sondern wartete, bis die Flamme meine neue Haut zu einer einzigen, großen Blase verwandelt hatte. Ich war überglücklich über meine neue Verletzung und glaubte, so noch eine Galgenfrist erreicht zu haben. Den Ärzten sagte ich am nächsten Morgen, daß ich aus Versehen mit der Hand im Feuer eingeschlafen sei. Nun erlebte ich den Heiligen Abend doch noch im Krankenhaus und war selig über den Frieden, der dort herrschte. Zwar hatte mich mein Arzt in sein Zimmer gebeten und mir ins Gewissen geredet, doch ich sah mich nun erst einmal aufgehoben, und dafür schien mir der Preis nicht zu hoch. Der Arzt hatte mir angedroht, sich keine Mühe mehr mit meiner Hand zu geben, und warnte mich, daß die Krankenkasse die Bezahlung des Krankenhausaufenthaltes verweigern könnte, wenn ich mir selbst Schaden zufügte. Seit zwei Wochen kümmerte sich ein Klinikseelsorger um mich. Er nahm sich viel Zeit, doch er hatte keinen Erfolg. Ich wollte nicht über meine Ängste reden, sondern dazugehören und umsorgt werden. Bisher hatte ich die Erfahrung gemacht, daß die Menschen ihre Erschütterung nicht verbergen konnten, wenn sie von meinem Leid erfuhren. Außerdem hatte ich dann Probleme, unbefangen mit ihnen umzugehen, da ich mir einbildete, daß alle freundlichen Gesten nur aus Mitleid gemacht wurden. Ich zog mich in mein Schneckenhaus zurück und nahm wieder meine alte mißtrauische Haltung ein. Viel zu schnell verging die Zeit bis zu meiner Entlassung. Am besagten Tag zog ich mich an, packte meine Sachen zusammen und verabschiedete mich schweren Herzens von jenen Menschen, die mir für fast drei Monate ein Gefühl der Zugehörigkeit und der Geborgenheit vermittelt hatten.

Neubeginn

Die nächsten Monate waren anstrengend und trübsinnig. Ich ging wieder arbeiten, lernte viel, um den versäumten Stoff für die Berufsschule aufzuholen, und versuchte, meinen Eltern auszuweichen. Noch immer träumte ich davon, eine eigene Wohnung zu haben und endlich auf eigenen Füßen zu stehen. Ich setzte alles daran, mein bevorstehendes Examen zu bestehen, um dann in eine andere Stadt zu gehen. Als die Ergebnisse der Prüfung bekanntgegeben wurde, war ich sehr aufgeregt. Ich wußte zwar, daß ich bestanden hatte, denn die Prüfung war mir nicht sonderlich schwergefallen, doch es kam ja auch auf die Noten an. Ich war außer mir vor Freude, als mir das beste Zeugnis des Ausbildungsjahres mit einem Noten-durchschnitt von 1,1 überreicht wurde. Stolz ging ich zu meinem Arbeitgeber, Herrn Wehrstedt, der mir mit über-schwenglichem Lob 150 Mark in die Hand drückte. Schon seit einigen Wochen hatte ich mich wieder überall beworben, und noch am selben Tag erhielt ich die Zusage einer Apotheke in Köln. Jetzt war ich mir sicher, daß von nun an mein wirkliches Leben beginnen konnte.

Eine Woche später war ich in Köln und fand relativ schnell ein kleines Zimmer mit Bad und Kochgelegenheit. Jetzt hatte ich mein eigenes Reich – niemand sollte meinem Leben im Wege stehen. Bald hatte ich das Zimmer gemütlich eingerich-tet. Meinen neunzehnten Geburtstag feierte ich zwar einsam, aber in Frieden. Eine Woche später trat ich meine neue Arbeitsstelle als Apothekenhelferin an. Die Apotheke war groß und modern. Zwar lebte ich sehr zurückgezogen, doch ich fühlte mich wohl dabei. In meiner Freizeit musizierte ich, schrieb Tagebuch oder machte lange Spaziergänge. Irgend-wann hatte ich mir einmal ein Akkordeon gekauft und schnell gelernt, darauf zu spielen. Ich war sogar in einem Orchester, aber wegen des vielen Hin und Hers, auch der Probleme, die ich hatte, ging ich bald nicht mehr hin. Nun hatte ich endlich die Ruhe, das zu tun, was mir Spaß machte. Doch was mir die Stimmung allerdings ziemlich verdarb, war, daß mein Arbeit-geber sich als launischer, unfreundlicher Mensch entpuppte. Es verging kein Tag, an dem er nicht eine seiner Angestellten ausschimpfte und mich und meine Kolleginnen oft an den Rand der Verzweiflung brachte. Bald wagte ich ihm nicht mehr unter die Augen zu treten. Je mehr er herumschimpfte, desto mehr Fehler machte ich, und irgendwann konnte ich ihm überhaupt nichts mehr recht machen. Zusätzlich verunsi-cherte mich, daß mein Vater wieder versucht hatte, Kontakt mit mir aufzunehmen. Wie er zu meiner Adresse kam, war mir immer wieder ein Rätsel. Er hat mich immer gefunden, obwohl ich ständig auf Wanderschaft war und innerhalb von zehn Jahren neunmal umgezogen bin. Jetzt kamen die alten Ängste wieder hoch, und ich verlor wieder alle Lebensfreude.

Eines Tages kündigte eine alte Bekannte, die ich seit Jahren nicht mehr gesehen hatte, für das kommende Wochenende ihren Besuch an. Ich freute mich darüber, denn seit mein Vater wieder aufgetaucht war, hatte ich Angst, alleine in der Wohnung zu sein. Renate, meine Bekannte, hat ihren Freund mitgebracht, es gab viel zu erzählen, und wir verstanden uns gut. Ich ließ mich sogar überreden auszugehen. Renate und Udo wollten für mich eine Begleitung organisieren. Zwar war ich von der Idee, für mich eine Begleitung zu organisieren, nicht begeistert, doch schließlich erklärte ich mich einverstanden. Den folgenden Tag verbrachte ich in großer, innerer Unruhe. Der Arbeitstag war sehr anstrengend gewesen, und ich wollte mich ein wenig ausruhen, als das Telefon klingelte. Als ich abhob, meldete sich niemand, und ich legte wieder auf. Beim zweitenmal hörte ich deutlich das Atmen. Ich war sehr beunruhigt, denn ich glaubte zu wissen, wer der Anrufer war: Es konnte nur mein Vater sein. Ich geriet in Panik. Qualvolle Zeit verging, bis endlich die Hausglocke läutete, und ich durch das Fenster Renate, Udo und meinen Begleiter erkannte. Hastig öffnete ich die Türe und begrüßte meine Gäste. Sie hatten sich alle schick angezogen, und ich hatte es ganz versäumt, mich ein wenig herzurichten. Schnell schloß ich mich ins Bad ein und zog mich um. Wieder hörte ich, wie das Telefon klingelte. Ich war froh, nicht abnehmen zu müssen und die Stimmen meiner Freunde zu hören.

Mein Begleiter hieß Arno und war ein gutaussehender höflicher Mann. Man konnte sich gut mit ihm unterhalten, und er lachte über meine Angst, beim Spaziergang Händchen zu halten. Schließlich gab ich nach. Während wir Hand in Hand liefen, wurde der Abstand zu Renate und Udo immer größer. Bald verloren wir sie aus den Augen. Ich wäre am liebsten davongelaufen, doch mein Stolz hielt mich zurück. Außerdem war es dunkel geworden, und ich hatte Angst, alleine nach Hause gehen zu müssen. Arno blieb freundlich und zurückhaltend. Seine Komplimente taten mir gut, und bald zerstreute er meine Befürchtungen und verwickelte mich in ein interessantes Gespräch. Wir beschlossen, in ein Gasthaus zu gehen. Es wurde ein gemütlicher Abend. Arno erzählte mir von seiner Arbeit als Polizist und von seinen Plänen, sich als Kommissar nach oben zu arbeiten. Daß er Polizist war, flößte mir Vertrauen ein. So jemand konnte wohl kaum unsittliche oder kriminelle Absichten haben. Es wurde später und später. Als wir nachts um ein Uhr auf der Straße standen und überlegten, was wir nun tun sollten, fiel mir auf einmal der anonyme Anruf ein. Aus Angst, wieder belästigt zu werden, lud ich Arno zu mir in die Wohnung ein. Wir redeten die ganze Nacht durch. Übermüdet und mit Kopfschmerzen ging ich am nächsten Morgen zur Arbeit. Es fiel mir sehr schwer, den Anweisungen meines Vorgesetzten zu folgen, und so wurde ich schon in den frühen Morgenstunden ausgeschimpft. Auch am Nachmittag war meine Arbeitsleistung sehr dürftig, und als ich dem Apotheker statt einer Packung Zäpfchen eine Flasche Hustensaft brachte, platzte ihm der Kragen. Vor versammelter Kollegenschaft und im Beisein der Kunden nannte er mich eine dumme Gans, die zu blöd sei, Zäpfchen von Hustensaft zu unterscheiden. Ich wäre am liebsten im Erdboden versunken. Schluchzend rannte ich zu meinem Schrank, riß meine Jacke vom Haken und stürzte aus der Apotheke. Ich war mir sicher: Dieses Haus würde ich nie mehr betreten.

Ohne Arbeit, aber gut beschützt

Während ich ziellos durch die Straßen irrte, überlegte ich, wie es nun weitergehen sollte. Ich würde meine monatliche Miete nicht mehr bezahlen können, wenn ich nicht schnellstens einen neuen Arbeitsplatz fände. Noch war Zeit, sich zu entschuldigen. Doch ich hatte Angst vor diesem jähzornigen Mann und schämte mich für mein heutiges Verhalten. Meine Kollegen hielten mich sicher auch für dumm. Also hatte mein Stiefvater doch recht gehabt – ich war unnütz und würde es nie zu etwas bringen. Was sollte ich tun? Zu Hause ließ ich mich erschöpft auf die Couch fallen. Was war das nur für ein Leben? Sollte ich nur die Schattenseite kennenlernen? Traurig holte ich mir ein Glas Milch, als es plötzlich an meiner Wohnungstüre klingelte. Erschrocken stellte ich das Glas zur Seite. „Ich bin's!" hörte ich Arno. Erleichtert öffnete ich die Türe. Arno hatte dunkle Schatten unter den Augen und meinte lachend: „Heute bin ich total kaputt, geht's dir genauso?" Ich nickte und wich seinem Blick aus. Sollte ich ihm von meinem Problem in der Apotheke erzählen? Würde er mich dann nicht auch für unnütz und dumm halten? Nein, das wollte ich nicht. Ich unterdrückte die aufsteigenden Tränen und schaltete das Radio ein. Inzwischen hatte sich Arno auf die Couch gelegt und erschöpft die Augen geschlossen. Ich bewunderte die saloppe Art dieses jungen Mannes und fragte mich, was ich tun sollte, wenn er nun einschliefe. Meine Bedenken waren berechtigt. Zehn Minuten später schnarchte Arno auf meiner Couch. Ratlos stand ich da. Sollte ich ihn aufwecken und nach Hause schicken? Am liebsten hätte ich genau das getan, doch ich brachte es nicht übers Herz. Aber ich machte mir Sorgen: Wenn er wieder die ganze Nacht hierbliebe, würde er mich vielleicht zu Dingen zwingen, vor denen ich mich zu Tode fürchtete. Er war schließlich ein Mann und ich eine Frau. Vorsichtig schubste ich ihn an. Doch Arno schlief fest.

Ich setzte mich auf meinen Sessel, zog die Beine an und ergab mich meinem Schicksal. Am nächsten Morgen rüttelte mich Arno zärtlich wach. Erschrocken hielt ich die Hände vor mein Gesicht und schrie leise auf. Erst Sekunden später erkannte ich Arno und verschwand beschämt im Badezimmer. Ich war noch immer todmüde. Wie gerne hätte ich mich hingelegt und noch eine Weile geschlafen. Doch da war dieser Polizist, der nun schon die zweite Nacht in meiner kleinen Wohnung verbracht hatte. Erschöpft setzte ich mich zu ihm und trank Kaffee, den er inzwischen aufgebrüht hatte. Ich sah auf die Uhr, es war 8 Uhr vorbei, und ich glaubte, aufspringen zu müssen, um zur Arbeit zu hasten. Doch im nächsten Moment fiel mir die Auseinandersetzung mit meinem Chef ein, und ich sackte wieder in mich zusammen. Als ich Arno fragte, warum er noch nicht zur Arbeit mußte, erklärte er, daß er Nachtschicht habe und erst um 20 Uhr zum Dienst müsse. Trotzdem verließ er bald darauf eilig meine Wohnung, um noch etwas „Wichtiges" zu erledigen. Bevor er am Abend seine Schicht antrete, wollte er noch einmal vorbeikommen. Ich war froh, als ich endlich wieder alleine war. Wie seltsam doch das Ganze war. Ich kannte Arno erst seit zwei Tagen und hatte nun schon zwei Nächte mit ihm in einem Zimmer verbracht. Er kam und ging, als hätte er schon immer bei mir gewohnt, und ließ mir überhaupt keine Zeit, mir über die Situation klarzuwerden. Ich hatte keine Ahnung, wie ich dem begegnen sollte. Sollte ich mich wehren? Hatte ich mich überhaupt jemals in meinem Leben gewehrt? Erst am späten Nachmittag wachte ich wieder auf. Erschrocken sah ich zur Uhr. Ich hatte noch keine Minute damit verbracht, mich nach einer neuen Arbeitsstelle umzusehen. Hastig eilte ich zum nächsten Zeitungsstand. Noch im Zurückgehen schlug ich die Seite mit den Stellenangeboten auf. Doch enttäuscht mußte ich feststellen, daß keines der Angebote für mich geeignet war. Mutlos ging ich zurück und schloß mich in meine Wohnung ein. Den Rest des Nachmittags verbrachte ich auf der Couch liegend, bis Arno stürmisch läutete. Unlustig öffnete ich die Türe und bekam einen Beutel und eine kleine Reisetasche in die Hand gedrückt. „Gunda, nimm das, ich habe jetzt keine Zeit für Erklärungen, ich muß gehen, bin schon zu spät dran, tschüs!" rief Arno und rannte davon. Was sollte das nun wieder? Kopfschüttelnd öffnete ich die Tasche und den Beutel. Ich

konnte nicht glauben, was ich da sah. Die Tasche enthielt
Unterwäsche und Strümpfe, und in dem Beutel waren
Zahnbürste, Zahnpasta und ein roter Zahnbecher.

Wir richten uns ein

Völlig perplex ließ ich mich in den Sessel fallen und ging die
Ereignisse der letzten Tage noch einmal durch. Die Geschichte
ging mir viel zu schnell, aber ich hatte keine Ahnung, wie ich
mich dagegen wehren sollte. Jeder andere hätte bei der
nächsten Gelegenheit eine Aussprache gesucht. Doch ich hatte
nie gelernt, jemandem zu widersprechen. Im Grunde wußte
ich, daß ich auch diesmal wieder geschehen lassen würde, was
andere wollten. Meine eigenen Bedürfnisse würden zurückge-
stellt. Da fiel mir mein Vater wieder ein, und ich überlegte, ob
Arnos überstürzter Einzug nicht auch gute Seiten hatte. War
er nicht Polizist? Würde er mich nicht beschützen können?
Damit beruhigte ich mich und ging schlafen. Um halb fünf
wurde ich durch das Läuten meiner Hausglocke aus dem
Schlaf gerissen. Schlaftrunken schaute ich aus dem Fenster
und sah Arno, der in Polizeiuniform vor dem Haus stand.
Hastig rannte ich zum Bad, spülte den Mund aus und kämmte
mein Haar. Danach ließ ich Arno herein. Er überreichte mir
feierlich eine rote Rose. Ich war geschmeichelt und bot ihm
einen Kaffee an. Arno ließ sich in einen Sessel fallen. Mein
Besucher schien plötzlich sehr müde zu werden, denn er
gähnte herzhaft und öffnete sein Hemd. Mir war unbehaglich
zumute. Was war aus meinen eigenen vier Wänden geworden,
meinem Anspruch, selbständig zu sein? Nun ging ein Mann
aus und ein, der sich von mir morgens um halb fünf Kaffee
machen ließ und sich sicher in wenigen Minuten wie
selbstverständlich in mein Bett legen und einschlafen würde.
Ich spürte, daß ich unbedingt etwas tun mußte. Nachdenklich
schenkte ich Arno Kaffee ein und beobachtete ihn. Er sah

eigentlich sehr sympathisch aus, groß, schlank, mit dichtem schwarzem Haar. Die Uniform kleidete ihn sehr gut, und ich war stolz, daß sich so ein angesehener Beamter zu mir herabließ. Ich sagte nichts. Arno schien sich in meiner Gegenwart recht wohl zu fühlen, er hatte anscheinend nicht das Bedürfnis, nach neun Stunden Nachtdienst noch viel zu reden. Wie erwartet ließ er sich bald in mein Bett fallen und schlief ein. Ich fühlte mich ganz und gar allein gelassen. Schließlich beschloß ich, mich um einen neuen Arbeitsplatz zu kümmern. Ich hatte davon gehört, daß ein renommierter Kölner Verlag eine Sachbearbeiterin suchte. Zielstrebig ging ich hin und wurde zu meiner Überraschung sofort zum Personalchef vorgelassen. Ich erzählte ihm von meiner Schulausbildung und der abgeschlossenen Lehre. Als er fragte, warum ich zur Zeit arbeitslos sei, erfand ich eine Geschichte. Ich gab vor, eine Allergie gegen offenen Tee zu haben und es außerdem satt zu sein, erst spät abends nach Hause zu kommen. Ich hatte Glück, der Personalchef schien mich für geeignet zu halten. Er drückte mir die Hand und führte mich durchs Haus. Ich war beeindruckt. In dem Großraumbüro, wo sich mein neuer Arbeitsplatz befand, saßen sieben Frauen, die mich freundlich anlernten. Schon eine Woche später, am 1. September 1980, trat ich meine neue Stelle als Sachbearbeite-rin in jenem Verlag an. Ich hatte einen eigenen Schreibtisch mit Telefon und meinen eigenen Bezirk, den ich betreuen mußte. Ich liebte diese Arbeit. Sie gab mir Selbstvertrauen und befriedigte mich. Auch meine Arbeitskolleginnen schienen sehr freundlich zu sein, und es kümmerte mich nicht, daß sie die meiste Zeit mit Gesprächen über Mode und dem Lackieren ihrer Fingernägel beschäftigt waren. Doch ich suchte keinen näheren Kontakt zu ihnen.

In der Beziehung zu Arno hatte sich auch nach einem Monat noch nichts verändert. Er kam, schlief, aß und unterhielt sich mit mir, ohne mich auch nur einmal bedrängt zu haben. Ich war froh darüber und gewann immer mehr

Vertrauen zu ihm. Er machte mir oft Komplimente und lobte, daß ich bei technischen oder politischen Gesprächen mithalten konnte. Ich sei die erste Frau in seinem Leben, die nicht so „zickig, albern und eingebildet" sei. Er genieße jede Minute, weil ich so ernsthaft und zurückhaltend sei. Ich hatte keine Angst mehr, mit ihm in einem Zimmer zu schlafen. Wir hatten zwei Schlafmöglichkeiten geschaffen, und jeder respektierte den Bereich des anderen. Wir teilten uns Miete und Haushaltskosten und hatten beschlossen, uns bei nächster Gelegenheit einen Fernseher zu kaufen. Ich hatte inzwischen meinen Führerschein bestanden und war stolze Besitzerin eines kleinen Volkswagens. Arno und ich unternahmen kleine Ausflüge, und wir gewöhnten uns so aneinander, daß wir bald alles gemeinsam planten.

Eines Tages jedoch veränderte sich unser ungezwungenes Zusammenleben. Arno war nach der Arbeit nach Hause gekommen und hatte sich müde in den Sessel fallen lassen. Meistens gelang es mir, vor ihm zu Hause zu sein. Auch an diesem Tag hatte ich das Essen schon auf den Tisch gestellt, als Arno plötzlich fragte: „Wollen wir nicht heiraten?" Erschrocken starrte ich ihn an. Tausend Gedanken gingen mir durch den Kopf: Kinder. Familie. Eheliche Pflichten. Streit – und doch sagte ich ja. Ich sah mich plötzlich als verheiratete Frau, als jemanden, den man ernst nehmen würde. Man würde mich nicht mehr mit Fräulein Schneider ansprechen, sondern mit Frau Kramer. Ohne mir weitere Gedanken zu machen, stimmte ich zu, die Hochzeit wurde auf den 31. Dezember 1980 gelegt. Am nächsten Tag meldeten wir das Aufgebot an, und acht Wochen später waren wir verheiratet.

Als verheiratete Frau fühlte ich mich nun endlich gesellschaft-
lich akzeptiert. Meiner Selbstverwirklichung schien nichts
mehr im Wege zu stehen. Auch der Besitz eines Führerscheins
gab mir das Gefühl, daß ich von anderen geachtet wurde. Arno
und ich hatten inzwischen eine größere Wohnung gefunden
und uns an das Eheleben gewöhnt. Noch immer schliefen wir
getrennt und respektierten die Bedürfnisse des anderen. Ich
ging zur Arbeit, kochte, putzte und stand zu den ungewöhn-
lichsten Zeiten auf, um ihm seine Dienstkleidung und sein
Vesperbrot herzurichten. Wünschte er, daß ich das grüne
Kleid trug, zog ich es an. Wollte er, daß ich mein Haar offen
trug, tat ich es. Sollte ich bei Gesellschaften den Mund halten,
schwieg ich. Er dankte es mir mit Komplimenten, Lob und
Höflichkeit.

An meinem Arbeitsplatz stellten sich jedoch die ersten
Probleme ein. Da ich noch immer sehr schweigsam und
zurückhaltend war, wurde die Distanz zu meinen Kolleginnen
immer größer, und ich spürte, wie ich mehr und mehr aus den
Gesprächen ausgeschlossen wurde. Während sie private Verabredungen trafen und sich gegenseitig Tips über die neueste
Mode gaben, saß ich schweigend an meinem Tisch und
verrichtete meine Arbeit. Es tat mir weh, so übergangen zu
werden, doch jeder Versuch, Anschluß zu finden, scheiterte.
Ich fragte mich, was ich nur falsch machte und woran es lag,
daß ich immer wieder ausgeschlossen wurde. Doch ich fand
keine Antwort, in meinem bisherigen Leben hatte ich nicht
gelernt, Kontakte zu anderen Menschen zu knüpfen, Freund-
schaften zu schließen. Wieder einmal ließ ich alles laufen und
„opferte" mich auf. Zu Hause versuchte ich, es meinem Mann
recht zu machen, auf der Arbeit meinem Chef. Mein Leben
war unbefriedigend, doch ich war froh, nicht geschlagen oder
sexuell belästigt zu werden. Es hätte wohl noch lange so
weitergehen können, wenn nicht eine meiner Arbeitskollegin-

nen aus Protest gegen die vielen Pin-up-Girls an den Wänden ein Poster mit einem nackten Mann aufgehängt hätte. Ich war schockiert und starrte beschämt auf meinen Schreibtisch. Seit meiner letzten Begegnung mit meinem Vater hatte ich nie mehr einen nackten Mann gesehen, denn Arno und ich zogen uns nie im selben Zimmer um. Nun wurde ich täglich mit dieser Abbildung und damit auch mit meiner eigenen Erinnerung konfrontiert. Mein Vorschlag, das Poster wieder abzuhängen, wurde spöttisch zurückgewiesen. Ich könnte doch das Büro wechseln, meinten meine Kolleginnen. Schweigend sah ich in die Runde. Dann stand ich entschlossen auf und steuerte geradewegs auf das Büro meines Vorgesetzten zu. Er empfing mich freundlich. Ohne Umschweife erklärte ich ihm, daß ich in diesem Arbeitsklima nicht weiterarbeiten könnte und daß ich um Versetzung bitte. Verständnisvoll nickend sagte mein Vorgesetzter: „Liebe Frau Kramer, mir ist zu Ohren gekommen, daß durch Sie eine gewisse Unruhe in unsere Abteilung gekommen ist. Gewiß, Sie sind fleißig, freundlich und gewissenhaft. Doch wenn ein Mensch durch seine Anwesenheit so viel Unmut und Widerwillen hervorruft, sollte er sich zurückziehen. Ich rate Ihnen zu kündigen. Nehmen Sie es nicht persönlich." Er erhob sich, hielt mir die Hand entgegen und begleitete mich zur Türe. Völlig vor den Kopf gestoßen, schlich ich zum Ausgang, steckte meine Karte in den Gleitzeiterfasser und verschwand. Ich sollte nie mehr in dieses Haus zurückkehren, denn ich wurde krank und bekam zwei Wochen später die Kündigung ins Haus. Ich weiß heute noch nicht so genau, was geschehen war: Offensichtlich „paßte" ich einfach nicht zu meinen Kolleginnen, und sie hatten sich über mich beschwert. Ich weiß nicht, was alles über mich geredet wurde – und ich hätte mich dagegen wohl auch nicht wehren können –, aber es hat meinem Chef zur Kündigung gereicht. Arno hielt zu mir: „Du bist eben anders als diese zickigen Quatschtanten, sei froh, daß du weg bist." Auf der einen Seite war ich auch froh, doch um meinen

Arbeitsplatz tat es mir leid. Nie mehr sollte ich eine Tätigkeit finden, bei der ich so selbständig arbeiten konnte und die mir soviel Spaß machte.

Meine Ehe wurde immer brüchiger. Arno kam nur noch selten nach Hause. Er gab vor, für einen kranken Arbeitskollegen einspringen oder zusätzlichen Nachtdienst machen zu müssen. Ich hatte noch immer keine neue Arbeitsstelle gefunden und langweilte mich sehr zu Hause. Eines Morgens hatte ich keine Lust mehr, auf meinen Mann zu warten, und beschloß, ihn von der Arbeit abzuholen. Ich freute mich auf Arnos Gesicht, wenn er mich sehen würde. Kurze Zeit später stand ich vor jenem Gebäude, in dem mich Arno stolz seinen Kollegen vorgestellt hatte. Von einem Polizisten hereingebeten, fragte ich nach meinem Mann. Der Polizist hob erstaunt den Kopf. „Arno hat heute nacht keinen Dienst gehabt. Er wird in der Stadt sein. Wissen Sie denn nichts davon?" Verständnislos setzte ich mich auf einen Stuhl und wartete auf eine Erklärung. Ich war auf alles gefaßt.

Auf dem Rückweg ließ ich mir alles noch einmal durch den Kopf gehen, was ich eben erfahren hatte. Arno sei eine Nutzehe eingegangen, um seine Karriere als Kommissar nicht zu gefährden. Ich möge doch Nachsicht üben, daß er nicht standhaft bleiben könne. Nun verstand ich – Arno war homosexuell. Daher kam seine Zurückhaltung, er hatte gar kein Interesse an mir. Der Gedanke, daß ausgerechnet mein Mann homosexuell war, brachte mich völlig durcheinander. Ich versuchte, mir vorzustellen, wie er mit einem anderen Mann zärtlich war, während ich alleine zu Hause saß und wartete. Wut und Eifersucht stiegen in mir hoch. Deshalb also die vielen Blumen und Komplimente. Er hatte mich gekauft, um seine Karriere zu retten – und ich hatte mich angenommen und akzeptiert gefühlt. Ich war völlig ahnungslos gewesen, während seine Homosexualität unter seinen Kollegen augenscheinlich ein „offenes Geheimnis" war. Völlig deprimiert kam ich zu Hause an. Arno lag schon in seinem

Bett und hatte die Decke über den Kopf gezogen. Ich hatte keine Kraft, mich mit der neuen Situation auseinanderzusetzen. Ich sperrte mich im Bad ein und nahm eine warme Dusche. Danach zog ich mich an und verließ das Haus. Den Rest des Tages verbrachte ich in der Stadt und kam erst zurück, als es dunkel wurde. Arno hatte sich bereits für seinen „Nachtdienst" fertig gemacht und bemerkte im Weggehen, daß er sich freue, mich noch zu sehen. Ich nickte stumm und lächelte.

Der Märchenprinz taucht auf

Weitere vier Wochen vergingen. Arno war nur zum Schlafen zu Hause. Ich erhielt seit kurzem Arbeitslosengeld und war froh, wenigstens finanziell von Arno unabhängig zu sein. Um meine Sorgen zu verdrängen, schluckte ich Schmerz- und Schlaftabletten. Schon seit einiger Zeit verspürte ich ein starkes Ziehen im Unterleib, doch ich hatte Hemmungen, zu einem Arzt zu gehen. Erst als die Schmerzen unerträglich geworden waren, suchte ich einen Gynäkologen auf. Dieser überwies mich sofort in das nächste Krankenhaus. Seine Diagnose lautete: nervöse Gastritis, Gebärmutter- und Eierstockentzündung. Ich war froh, den Anblick meines Mannes nicht mehr ertragen zu müssen, und genoß – wieder – die Zeit im Krankenhaus. Allerdings mußte ich mich einer Ausschabung unterziehen, was ich nur unter großem Widerwillen geschehen ließ. Ich lag zusammen mit einer jungen Frau, die ihr drittes Kind erwartete, im Zimmer. Sie ging mir furchtbar auf die Nerven, da sie ständig reden wollte, sich ihrer Blähungen ungehemmt entledigte und zudem die Angewohnheit hatte, bis spät in die Nacht Videos zu sehen. Innerhalb kürzester Zeit war ich über ihren Lebenslauf informiert und wußte, daß sie Probleme in ihrer Ehe hatte. Doch je mehr sie von Stefan, ihrem Mann, erzählte, desto neugieriger wurde ich. Was für ein Mensch er wohl war? Er mußte sehr zärtlich, aber auch sehr gewalttätig sein können, Wolf und Lamm in einem sein. Ich konnte es kaum erwarten, ihn kennenzulernen. Doch er ließ lange auf sich warten. Schon vierzehn Tage lag ich nun in der Klinik und sollte bald entlassen werden. Arnos Besuche wurden immer seltener, die Zeit schlich dahin, und ich konnte meine Bettnachbarin kaum mehr ertragen. Regina hatte sprödes Haar, eine rundliche Figur und ein sommersprossiges, derbes Gesicht. Nichts an ihr schien anziehend zu sein; so war ich sehr überrascht, als eines Tages ein hübscher und sympathisch aussehender Mann das Zimmer betrat. Das sollte Stefan sein? Fast ein wenig neidisch beobachtete ich, wie die beiden gemeinsam das Zimmer verließen. Irgend etwas war mit mir passiert, das spürte ich. Als Regina und Stefan eine halbe Stunde später zurückkamen, schienen sie sich gestritten zu haben, denn er verließ kurz darauf grußlos den Raum. Trotzdem glaubte ich in seinen Augen ein herzliches Zwinkern gesehen zu haben, als er an meinem Bett vorbeiging. Von nun an ging mir dieser Mann nicht mehr aus dem Kopf, und ich konnte es kaum ertragen, wie Regina über ihn herzog. Ich wollte einfach nicht glauben, daß dieser nette Mann so gewalttätig sein konnte.

Bei seinem nächsten Besuch setzte sich Stefan zu meiner Freude zwischen Reginas und mein Bett. Er bezog mich in die Gespräche mit ein, und beim nächsten Mal spielten wir sogar Karten zusammen. Als Regina und ich entlassen wurden, verabredeten wir uns zu einem Treffen zu viert. Es wurde ein netter Abend, und wir sahen uns in der nächsten Zeit häufig. Es schien Arno und Regina nicht zu stören, daß Stefan und ich uns ungewöhnlich gut verstanden und sich ganz offensichtlich eine tiefe Beziehung zwischen uns anbahnte. Wir verabredeten uns bald ohne unsere Ehepartner und verbrachten wundervolle Stunden beim Spaziergang oder Tischtennisspiel. Bald ließen wir keinen Tag mehr aus, ohne uns zu sehen. Trotz aller Heimlichkeiten begann eine schöne Zeit. Immer öfter besuchte ich ihn bei seiner Familie, wo er schon seit sechs Monaten lebe. Da er sich bereits von Regina getrennt hatte und auch Arno seine eigenen Wege ging, hatte ich kein schlechtes Gewissen. Eines Tages beschlossen wir, den Heimlichkeiten ein Ende zu setzen und geregelte Verhältnisse für uns zu schaffen. Am nächsten Morgen eröffnete ich Arno, daß ich mich in Stefan verliebt hatte und wir heiraten wollten. Mir war nicht klar, daß ich Arno mit meinem Geständnis so treffen würde.

Gefühlsbetäubung

Arno sprang auf und fing lauthals an zu weinen. Ich wußte nicht, wie ich reagieren sollte, und blieb bewegungslos sitzen. Erst einmal in meinem Leben hatte ich einen Mann weinen sehen. Es war mein Stiefvater gewesen, der nicht verkraften konnte, daß sein Auto nach einem Unfall kaputt war. Arno hätte ich trösten sollen, aber ich war unfähig, irgend etwas zu sagen oder zu empfinden. Ich spürte nur eine große Kälte in mir aufsteigen. Gleichzeitig dachte ich: Du mußt zu Stefan! Er kann dir bestimmt aus dieser ungemütlichen Situation heraushelfen.

Ich stand auf, zog mich an und ließ Arno allein zurück. Obwohl ich über mich selbst erschrocken war, fühlte ich kein Mitleid. Erst als ich bei Stefan angekommen war und er mich in die Arme nahm, ließ meine Verkrampfung nach. Ob ich damals aus schlechtem Gewissen gegenüber Arno oder aus Glück über das Gefühl, endlich frei zu sein, weinte, weiß ich nicht mehr. Es dauerte jedenfalls ziemlich lange, bis ich mich beruhigt hatte und wieder einen klaren Gedanken fassen konnte.

Stefan und ich wußten, es würde nicht leicht sein, einen Neuanfang zu finden. Wir hatten weder eine Wohnung noch irgendwelche Möbel – ich war immer noch arbeitslos. Um wenigstens ein Dach über dem Kopf zu haben, beschlossen wir, vorerst in einem der verwahrlosten Kellerräume zu übernachten, die zu dem „Haus" seiner Eltern gehörten. Sie lebten in einem ehemaligen Sportlerheim, die Räume waren eng und ungemütlich. Stefan hatte ein paar alte Matratzen gefunden, und von nun an schliefen wir im Keller, wuschen uns unter einer der alten Duschen und verbrachten die Zeit mit Wohnungssuche und ausgiebigen Spaziergängen. Stefan arbeitete in einer Firma, die Holzmöbel herstellte, und war von 7 Uhr bis 16 Uhr unterwegs. Danach blieb uns noch genug Zeit füreinander. Doch wir wußten, irgendwann mußte ich in meine Wohnung zurückgehen, um meine Sachen zu holen. Ich hatte große Angst davor und schob den Tag immer weiter hinaus, bis Arno eines Abends bei Stefans Eltern anrief und mich sprechen wollte. Schon nach den ersten Worten spürte ich, daß irgend etwas nicht stimmte. Seine Stimme klang unkontrolliert, seine Sätze waren verworren. Als ich fragte, was los sei, lallte Arno zurück: „Alles in Ordnung, ich wollte mich nur verabschieden." Fragend starrte ich Stefan an, legte den Hörer auf und stammelte: „Da stimmt was nicht, ich muß schnell heim." Als ich die Wohnungstüre aufschloß, kam mir starker Äthergeruch entgegen. Arno lag bewußtlos auf seinem Bett. Um sich herum hatte er leere Pillendosen, Tabletten-schachteln und eine leere Flasche Äther verstreut. Ich öffnete das Fenster und rannte zum Telefon. Minuten später stand ein Krankenwagen vor dem Haus, und zwei Sanitäter trugen Arno auf einer Bahre die Treppen hinunter. Kaum waren sie mit Blaulicht und Sirene weggefahren, fuhr ein Polizeiwagen vor. „Sind Sie die Ehefrau?" fragte mich einer der beiden Beamten und zog einen Notizblock aus seiner Jackentasche. Ich nickte und wartete ängstlich und voller Schuldgefühle. Ich wußte ja selbst nicht genau, wie es passiert war. Klar war nur, daß Arno versucht hatte, sich das Leben zu nehmen. Als mich die Beamten fragten, warum er das getan haben könnte, antworte-te ich verlegen: „Weil ich ihn verlassen habe." Die Beamten sahen sich an, nickten und verabschiedeten sich eilig. Mit einem Gefühl von Leere, völlig erschöpft und durcheinander, setzte ich mich auf das Sofa, starrte an die Decke und blieb für den Rest der Nacht bewegungslos sitzen. Die Zeit schien stillzustehen, und ich fühlte nichts mehr. Am nächsten Morgen stand ich auf, packte meine Sachen und fuhr zu Stefan. Es war Sonntag, die Sonne schien, alles sah so friedlich aus. Die vergangene nacht kam mir wie ein böser Alptraum vor. Noch ganz benommen öffnete ich die Türe zu den Kellerräumen, setzte mich auf die alten Matratzen und legte den Kopf in die Hände. So blieb ich sitzen, bis Stefan kam und fragte, was gestern nacht passiert sei. Ich erzählte ihm alles und war dankbar, als er mir tröstend über das Gesicht strich. Mit meiner plötzlichen Gefühlskälte zurechtzukommen war sehr schwer. Ich erkannte mich nicht mehr wieder und machte mir Vorwürfe, weil ich weder Reue für das Geschehene noch Mitleid für Arno empfand. Auch das Glücksgefühl, das ich durch Stefan kennengelernt hatte, war wie weggeflogen – ich fühlte mich innerlich wie tot. Auch ein Gespräch mit einem Psychotherapeuten konnte mir nicht helfen. Während Arno nach zwei Wochen Klinikaufenthalt nach Hause zurückkehren und Stefan geduldig auf die Gunda warten sollte, die er kennengelernt hatte, machte ich eine lange Phase der Depression und Hilflosigkeit durch.

Teuflischer Kreislauf

Ich war nun zwanzig Jahre alt und lebte immer noch mit Stefan in einem der modrigen Kellerräume des Sportlerheimes. Wir träumten davon, endlich ein normales Leben in einer gemütlichen Wohnung zu führen. Arno hatte zwar die Scheidung eingereicht, doch es schien ihm schwerzufallen, mit seiner Niederlage fertig zu werden. Arno wußte, wo wir waren: Wir hatten uns zu viert oft in den Kellerräumen, in denen wir nun „wohnten", getroffen. Das alte Sportlerheim war nie abgeschlossen. Und so hörten wir Arno immer wieder durch das Haus poltern und meinen Namen rufen. Er drohte mit einem neuen Selbstmordversuch. „Dich nehme ich dabei mit in den Tod!" schrie er manchmal.

Noch immer war er mir gleichgültig. Ich träumte davon, ein neues Leben zu beginnen. Vielleicht war es eine Art Schutzreaktion. Stefan und ich hatten unser altes Auto gegen einen Kastenwagen getauscht, in dem wir den Sommer über wohnen wollten. Wir übernachteten auf den verschiedensten Autobahnparkplätzen und einsamen Waldwegen oder Wiesen. Langsam war das Gefühl für Stefan zurückgekehrt, und ich war trotz aller Schwierigkeiten glücklich. Damals glaubte ich, meinen Traummann gefunden zu haben. Ich kannte Stefan nur als zärtlichen und liebevollen Mann, und wir hatten noch nie gestritten. Stefan hatte sich bisher immer mit seinen sexuellen Bedürfnissen zurückgehalten und mich respektiert. Auch dies ließ mich damals hoffen. Der Wunsch nach einem Kind entstand, obwohl ich immer noch Angst vor körperlicher Liebe hatte. Doch bevor wir keine feste Bleibe hatten, war an ein Kind nicht zu denken. Niemand wollte uns eine Wohnung vermieten, da Stefan inzwischen auch arbeitslos geworden war. Wir zogen von einer Stadt zur anderen und ließen nichts unversucht, endlich ein geregeltes Leben zu führen. Doch wo wir uns auch vorstellten, wir bekamen nur Absagen und verloren immer mehr den Mut. In unserer Not haben wir dann unsere ehemaligen Arbeitgeber als Referenz angegeben – und fast hätten wir einmal auch Glück gehabt, doch nachdem der Vermieter bei unseren ehemaligen Arbeitgebern rückgefragt hatte, waren wir die Wohnung wieder los. Ohne Arbeit keine Wohnung, ohne Wohnung keine Arbeit – ein teuflischer Kreislauf.

Schuldig geschieden

Mit der Zeit hatte ich mir eine gewisse Gleichgültigkeit angewöhnt, die mir half, mit jeder neuen Enttäuschung fertig zu werden. So überstand ich auch die Scheidung von Arno. Zwar hatte es mich keinerlei Überwindung gekostet, mich endgültig von ihm zu trennen, doch die Art und Weise, wie Arno mir jegliche Rechte absprach, tat sehr weh. Ich wurde am 30. Januar 1982 im Alter von einundzwanzig Jahren schuldig geschieden. Begründung: Ehebruch und seelische Grausamkeit gegen meinen Mann. Wieder hatte ich keinen Mut gehabt, meinen Mund aufzumachen und meine eigene Geschichte zu erzählen. Ich habe wieder geglaubt: Wenn man mir sagt, ich bin schuldig, dann bin ich es auch. Arnos Traurigkeit hatte sich in Zorn und Wut verwandelt, und ich wäre mir schäbig vorgekommen, auch noch Ansprüche zu stellen. So ließ ich mich auf einen „Handel" ein: Mir wurden 1500 Mark ausbezahlt, zugleich behielt ich die Mitschuld für unser Auto, das Arno behielt. Ich erhielt einen Teil unseres Geschirrs, meine Kleidung und einen kleinen Teppich, der in unserem Flur gelegen hatte. Auf etwaige Unterhaltsansprüche verzichtete ich. Stefan ärgerte sich sehr über den Ausgang meiner Scheidung, doch es sollte ihm nicht besser gehen. Da die Kinder bei seiner Frau blieben, hatte sie Anspruch auf die gesamte Wohnungseinrichtung. Ihm blieben nur seine Kleider und der kleine, schwarze Pudel Charly. Auch Stefan war schuldig geschieden, doch ich sollte erst Jahre später den richtigen Grund dafür erfahren.

Im März 1982 bezogen wir dann endlich unsere erste, gemeinsame Wohnung. Da wir kein Geld hatten, kauften wir alles, was wir brauchten, auf Rechnung oder in Secondhandläden. Heute finde ich es unvernünftig, aber damals kümmerten wir uns erst um eine geeignete Arbeit, nachdem wir eine komplette Wohnungseinrichtung zusammen hatten. Ich versuchte wieder als Sachbearbeiterin unterzukommen, während

Stefan jede Arbeit annehmen wollte, die er finden konnte. Wir hatten Glück. Acht Wochen später fand ich eine Arbeit im Büro einer Großhandlung für Lebensmittel, und Stefan kontrollierte die Ein- und Ausfuhr in einem Eisenwarenlager. Nun schien mein Wunsch nach einem Kind eher realisierbar zu sein. Um schwanger zu werden, mußte ich mich jedoch von meiner Angst vor der körperlichen Liebe befreien. Stefan konnte mir nicht dabei helfen, denn ich hatte ihm nichts von meinen Erfahrungen mit meinem Vater erzählt. Er hatte keine Ahnung, welche Wunden mein Vater in mir hinterlassen hatte.

Heute glaube ich, daß es ein Fehler war, meinen Mann damals nicht in meine Vergangenheit eingeweiht zu haben – er bekam gar keine Chance, sich in mich einzufühlen. Aber ich hatte nur eines im Kopf: ein Kind. Dafür war mir jedes Opfer recht. Ich zwang mich regelrecht dazu, mit Stefan zu schlafen; und als ich endlich schwanger war – Stefan freute sich sehr –, ließ ich ihn nicht mehr an mich heran. Ich gab vor, Kopfschmerzen zu haben oder daß mir übel sei.

Natürlich verstand Stefan das nicht. Er glaubte, daß ich mein Vergnügen bei einem anderen suchte, und wurde ständig mißtrauischer. Auch ich war sehr eifersüchtig und glaubte, in jeder Frau eine potentielle Konkurrentin sehen zu müssen. Aber da wir nicht darüber redeten, wurde die Sache immer schlimmer, und es kam zu heftigen Auseinandersetzungen.

Meine Schwangerschaft verlief ohne größere Probleme. Anhand von Büchern und Zeitschriften verfolgte ich genau, auf welcher Entwicklungsstufe sich mein ungeborenes Kind jeweils befand. Ich hatte nichts anderes mehr im Kopf. Es schien mir eine Ewigkeit zu dauern, bis ich die ersten Kindsbewegungen spürte, und ich zählte ungeduldig die Tage bis zum Geburtstermin. Stefan fühlte sich in dieser Zeit sehr zurückgesetzt. Er hatte es aufgegeben, mich zu bedrängen, und saß viel vor dem Fernseher. Ich war viel zu sehr auf mich bezogen, als daß ich mir darüber Gedanken gemacht hätte.

Blind für alles, was um mich herum vorging, für das Leben „da draußen", war ich völlig überrascht, als eines Tages die ersten Unterhaltsforderungen seiner geschiedenen Frau kamen. Ich war rasend eifersüchtig, denn ich konnte den Gedanken plötzlich nicht mehr ertragen, daß mein Mann außer dem Ungeborenen schon drei Kinder hatte. Aus Angst, nur an zweiter Stelle zu stehen, versuchte ich ihm einzureden, daß er gar nicht der Vater seiner Kinder war. Erst heute fange ich an zu begreifen, in welche Konflikte ich meinen Mann gestürzt haben muß. Aber diese fixe Idee hatte damals so sehr von mir Besitz ergriffen, daß Stefan nichts anderes übrigblieb, als seine Kinder zu verleugnen, damit ich endlich Ruhe gab. Er begann, selbst an seiner Vaterschaft zu zweifeln, und verweigerte die Unterhaltszahlungen. Kurz darauf erhielten wir die Nachricht vom Gericht, daß die Forderungen als Pfändungen vom Gehalt meines Mannes abgeführt würden. Wir gaben uns geschlagen und waren froh, daß das Thema von nun an vom Tisch war. Es kamen auch keine Briefe mehr, und die Anrufe seiner geschiedenen Frau blieben aus. Oberflächlich betrachtet, hatten wir mit der Vergangenheit meines Mannes keine Probleme mehr.

Als ich in den Mutterschutz kam, wollte ich gerne mit Stefan zusammen eine Gymnastikgruppe besuchen, um mich auf die Geburt vorzubereiten. Doch er reagierte völlig überraschend. Stefan war außer sich vor Wut, schrie mich an und warf mir vor, nur daran interessiert zu sein, andere Männer kennenzulernen. Ich widersprach ihm und forderte ihn auf, doch an unser ungeborenes Kind zu denken. Er stand zornig auf, schlug die Türe hinter sich zu und verschwand im Schlafzimmer. Wir hatten uns bisher zwar schon einige Male gestritten, doch so wütend war er noch nie gewesen. Als ich versuchte, ihn doch noch zu überreden, schlug er mir ins Gesicht und warf mich in hochschwangerem Zustand zu Boden.

„Eine Bilderbuchfamilie!"

Das erste, was mir damals einfiel, war, was Stefans Frau damals im Krankenhaus gesagt hatte: Er sei ein Wolf und Lamm in einem. Ich hatte nicht glauben wollen, daß sie so oft geschlagen worden war, wie sie mir damals erzählte. Bisher hatte ich nur das Lamm in Stefan gesehen, nun sollte ich auch den Wolf kennenlernen. Doch zunächst versöhnten wir uns wieder. Ich verzichtete auf meine Schwangerschaftsgymnastik, und er beteuerte, nie mehr Hand an mich zu legen.

Ich brachte einen gesunden, kräftigen Jungen zur Welt. Wir nannten ihn Timo. Meine neue Rolle als Mutter nahm ich sehr ernst und versorgte mein Kind mit viel Hingabe. Ich kümmerte mich um den Haushalt und freute mich, wenn Stefan von der Arbeit kam. Zum erstenmal in meinem Leben hatte ich eine richtige Familie. Stefan war wieder zärtlich und liebevoll. Es schien, als hätte es nie zuvor Streit zwischen uns gegeben. Und doch fiel mir auf, daß er nun statt einem Bier abends drei bis vier Flaschen trank. Doch ich sagte nichts, sollte er doch nach acht Stunden Arbeit das Recht haben, es sich so gemütlich wie möglich zu machen. Da ich glaubte, daß es zu den Aufgaben einer Ehefrau gehörte, in gewissen Abständen mit ihrem Mann zu schlafen, zwang ich mich dazu. Ich tat sogar so, als würde es mir Spaß machen. Diese buchstäblichen „Opfer" zehrten jedoch an meinen Nerven, und bald konnte ich nicht mehr: Ich wies Stefan zurück. Anfangs nahm er es schweigend hin, doch im Laufe der Zeit schlug er mich wieder aus Eifersucht und zog manchmal aus dem gemeinsamen Schlafzimmer aus. Ich war verzweifelt, wußte ich doch, wie sehr ich Stefan durch meine Zurückweisung verletzte. Doch anstatt mit ihm darüber zu reden, umwarb ich ihn mit den aufwendigsten Mahlzeiten, immer frisch gewaschener und ordentlich gebügelter Wäsche und dem perfektesten Haushalt, den ich bieten konnte. Auch meinem Sohn opferte ich meine ganze Kraft – er sollte alles bekommen, was ich nicht gehabt hatte. Doch meine innere Leere wurde von Tag zu Tag größer, und die Aggressionen meines Mannes – die sich auch darin äußerten, daß er demonstrativ schwieg – machten es immer schwieriger.

Es wurde Winter. Unser Sohn war nun zwei Monate alt. Stefan arbeitete immer noch in jenem Eisenwarenlager und verließ schon früh am Morgen das Haus. Ich verbrachte den Tag zu Hause, zusammen mit Timo und jenem Pudel, den mein Mann aus der ersten Ehe mitgebracht hatte. Timo entwickelte sich prächtig, er war ein hübsches und freundliches Baby. Auch unsere Nachbarn freuten sich, daß Timo so gut gedieh, und steckten ihre Köpfe in seinen Kinderwagen, wenn wir uns auf der Straße begegneten. Es lag eher an mir, daß der Kontakt zu ihnen recht distanziert blieb, ich war noch immer sehr mißtrauisch und ängstlich gegenüber anderen Menschen. Gerade deswegen mag es unverständlich erscheinen, daß ich eines Tages sofort die Türe öffnete, als es unerwartet läutete. Doch ich hatte gerade meinen Sohn gestillt, ihn in sein Bettchen gelegt, war noch in Gedanken bei ihm und dachte an nichts Böses.

Mein Vater stand vor mir. Ich war so perplex, daß ich nichts sagen konnte. Aber ich ließ ihn ein und bot ihm einen Stuhl an. So, als ob niemals etwas zwischen uns vorgefallen wäre, erzählte er mir freundlich lächelnd, daß er seit vier Wochen Frührentner sei und nun endlich Zeit gefunden habe, seine Tochter zu besuchen. Ich fragte mich, woher er wohl meine Adresse hatte – doch ich schwieg. In diesem Augenblick fing mein Sohn an zu brüllen, und überrascht starrte mein Vater in Richtung Kinderzimmer. Ich nickte mit dem Kopf und führte ihn stolz an das Bett meines Sohnes. Mein Vater sagte „hallo" und beugte sich zu Timo hinunter. Doch Klein-Timo schrie aus Leibeskräften weiter. Zögernd nahm ich das Kind aus dem Bettchen, ich wußte, daß ich es nur an die Brust zu legen brauchte, dann würde er wieder zufrieden einschlafen. Doch mein Vater ließ uns nicht aus den Augen. Ich schloß mich mit

Timo im Badezimmer ein und stillte ihn. Als ich ins Wohnzimmer zurückkam, saß mein Vater auf dem Sofa und rauchte eine Zigarette. Geschäftig ging ich in die Küche und überlegte, wie ich diesen Mann nun wieder loswerden könnte. Gerade hatte ich beschlossen, ihn einfach zu fragen, ob er nicht besser wieder gehen wollte, als er schon in der Türe stand und langsam auf mich zu kam. Ängstlich trat ich einen Schritt zurück und stolperte dabei über den Futternapf unseres Pudels, der zusammengerollt in seinem Körbchen lag. Da war es wieder, jenes schmierige Lächeln, dazu der gierige Blick und das hastige Atmen. Mein Vater hatte sich nicht geändert. Minuten später lag er auf mir – es kam mir vor wie eine Ewigkeit. Doch ich schrie nicht, ich hatte Angst, jemand könnte mich in dieser peinlichen Situation finden. Ich schämte mich fürchterlich. Zudem schlief nebenan mein kleiner Sohn, Timo. So ließ ich es geschehen. Ich war zweiundzwanzig Jahre jung und zum wiederholten Male vergewaltigt worden.

Susanne hat keine Chance

Seit diesem Tag ging es mir sehr schlecht. Ich war reizbar, ständig müde und ungerecht gegenüber meinem Mann. Meine Kraft reichte gerade, um Timo zu versorgen, Stefan vernachlässigte ich immer mehr. Ich gestand mir das aber nicht ein und wies seine Vorwürfe entschieden zurück. Obwohl ich spürte, daß sich Stefan mit jedem Tag weiter von mir entfernte, hatte ich nicht den Mut, mit ihm über uns zu sprechen. Um ihn nicht zu verlieren – denn ich liebte ihn genauso wie meinen Sohn –, ging ich zweimal mit ihm ins Bett. Ich hoffte, damit wieder meine Pflicht getan zu haben.

Die Wochen vergingen. Noch immer spürte ich eine Müdigkeit, die mir alle Kraft nahm, dazu einen Brechreiz. Ich war seit drei Wochen „überfällig". Zwei Wochen später sollte mir ein Arztbesuch die Antwort auf meinen schlechten körperlichen Zustand geben. Ich war im dritten Monat schwanger. Wer war der Vater meines zweiten Kindes? Ich rechnete hin und her, kam jedoch zu keinem Ergebnis. Den Gedanken, ein Kind von meinem Vater zu erwarten, verdrängte ich sofort wieder. Stefan freute sich sehr über meine Nachricht. Er wußte ja nichts von dem Besuch meines Vaters und erzählte jedem, daß wir nun bald eine vierköpfige Familie sein würden. Auf diese Weise konnte auch ich mich bald darüber freuen und zählte wieder die Tage. Den Gedanken, von meinem Vater geschwängert worden zu sein, hatte ich in die hinterste Schublade gesteckt, ich wollte mich damit nicht auseinandersetzen.

In den folgenden drei Monaten wurde ich mehrmals von Stefan geschlagen. Er trank zu viel und warf mir vor, daß ich ständig müde sei. Doch ich ertrug seine immer brutaler werdenden Ausfälle, denn ich wollte Stefan auf keinen Fall verlieren. Als wir wieder einmal schweigend vor dem Fernseher saßen, läutete es plötzlich. Es war bereits nach 23 Uhr, und ich konnte mir nicht vorstellen, wer zu solch später Stunde noch bei uns klingeln sollte.

Als Stefan die Türe öffnete, sah ich meinen Vater da stehen. Ich hatte mit allem gerechnet, nur nicht damit. Als Stefan mich fragend ansah, stellte ich ihm ihn vor.

Die beiden Männer hatten sich schnell angefreundet, und Stefan bot meinem Vater an, in unserem Gästezimmer zu übernachten. Ich fand in dieser Nacht keinen Schlaf, denn mir war klar, mein Mann würde früh morgens das Haus verlassen, und ich würde mit meinem Peiniger alleine zurückbleiben. Es kam so, wie ich befürchtet hatte. Kaum war Stefan aus dem Haus, schlich mein Vater aus dem Gästezimmer. Ich hatte mir vorgenommen, ihn sofort aus der Wohnung zu weisen, doch es kam nicht dazu. Er packte mich, warf mich zu Boden und riß meine Beine auseinander. Ich war ihm hilflos ausgeliefert und wagte es wieder nicht, mich zu wehren. Diesmal aus

Angst um mein Baby, denn ich war im sechsten Monat schwanger.

Zwei Tage später bekam ich Blutungen. Ich meldete mich sofort bei meinem Arzt und wurde noch am gleichen Tag ins Krankenhaus eingeliefert. Stefan mußte Timo übernehmen – ich sollte noch am Abend eine Gerelage – der Gebärmutterhals wird mit einem Kunststoffbändchen verschlossen, das vor der Geburt wieder geöffnet wird – gelegt bekommen. Der Muttermund hatte sich geöffnet, und mein Baby drohte zu früh zur Welt zu kommen. Zum erstenmal erwähnte mein Arzt, daß ich möglicherweise ein behindertes Kind zur Welt bringen würde. Fünf Wochen später – man hatte mich mit Blaulicht zum nächstgrößeren Krankenhaus gefahren – hatte ich Gewißheit: Susanne, meine Tochter, war behindert. Sie hatte ein völlig entstelltes Gesicht und sollte nie selbständig laufen lernen. Ich war wie versteinert, unfähig, irgend etwas zu fühlen. Eine schreckliche Zeit begann. Susanne mußte noch für einige Wochen im Krankenhaus bleiben, während ich zu Hause schon wieder Stefan und meinen neun Monate alten Sohn Timo versorgte. Ich wußte, daß Stefan kein behindertes Kind akzeptierte, und mir war auch klar, daß Susanne das Kind meines Vaters sein mußte. Sie war zwei Monate zu früh zur Welt gekommen und sehr schwach. Erst nach zwölf Wochen durfte ich meine behinderte Tochter nach Hause holen.

Mein Mann schämte sich sehr. In seinen Augen hatten behinderte Menschen kein Recht zu leben. Selbst als ich ihm zu erklären versuchte, daß er selbst durch einen Schicksalsschlag ein Krüppel werden konnte, änderte er seine Meinung nicht. Doch ich beobachtete, daß er unsere Susanne liebevoll in die Arme nahm und zärtlich mit ihr redete.

Während Timo sich zu einem aufgeweckten Kleinkind entwickelte, war Susanne noch nach acht Monaten auf dem Stand eines Babys von höchstens zehn Wochen. Sie konnte sich immer noch nicht drehen und hatte große Schwierigkeiten, ihr Köpfchen zu heben. Trotz ihrer Behinderung lachte sie gerne und freute sich, wenn man sich mit ihr beschäftigte. Ich hatte sie ebenso gern wie Stefan und Timo. Um so härter traf es mich, als ich sie eines Tages – Susanne war gerade neun Monate alt geworden – leblos in ihrem Bettchen fand. In panischer Angst hob ich sie hoch und rüttelte sie, doch sie gab kein Lebenszeichen von sich. Als der Arzt wenige Minuten später erschien, konnte er mir nur noch bestätigen, daß Susanne tot war.

Stefan verliert die Kontrolle

Am Tag der Beerdigung wurde ich mit einem Nervenzusammenbruch ins Krankenhaus eingeliefert. Von meinem Bett aus konnte ich die Kirchenglocken läuten hören. Es war nur eine kleine Beerdigung. Außer meinem Mann und den nächsten Nachbarn war niemand dazugekommen. Unser Sohn wurde vorübergehend zu Pflegeeltern gebracht – ich sah ihn erst nach meiner Entlassung wieder. Während meines sechswöchigen Klinikaufenthaltes war mein Mann immer mehr dem Alkohol verfallen. Ich sollte ihn nur noch selten nüchtern erleben. Er kam regelmäßig betrunken nach Hause, schimpfte, warf das Essen an die Wand und schlug mich. Ich durfte das Haus nicht mehr verlassen und verbrachte die Tage zusammen mit Timo eingeschlossen in der Wohnung. Klein-Timo war ein hübscher, intelligenter Junge, und ich liebte ihn über alles. Doch obwohl wir kaum noch miteinander sprachen, war ich auch Stefan noch sehr zugetan. Ich hoffte, daß ein drittes Kind vielleicht unsere Probleme lösen könnte. Seitdem ich auf diese Idee gekommen war, kreuzte ich jeden Tag in meinem Kalender an, an dem ich nach meiner Rechnung fruchtbar war. Nach diesem Plan richtete ich die gemeinsamen Nächte mit meinem Mann ein. Wieder hatte ich Glück, nach wenigen Wochen war ich zum drittenmal schwanger. Wir freuten uns gemeinsam auf unser nächstes Kind und hofften, daß es wieder ein Mädchen werden würde.

Wenn Stefan nüchtern war, konnte er ein prachtvoller Ehemann und Vater sein. Wir verstanden uns dann sehr gut und schmiedeten Pläne für unsere gemeinsame Zukunft. Doch viel zu oft kam er mit glänzenden Augen nach Hause und machte mir das Leben zur Hölle. Ich wußte, wann ich vorsichtig sein und alles tun mußte, was er wollte, um ihn nicht zu verärgern. Er hatte es sich angewöhnt, mich ständig zu kontrollieren und mir jeglichen Kontakt mit anderen Menschen zu verbieten. Ich durfte nicht mehr einkaufen gehen und auch keine Besuche empfangen. Ertappte er mich doch einmal dabei, schlug er brutal auf mich ein, bis ich ihn anflehte, doch an unser werdendes Kind zu denken. War er am nächsten Morgen wieder nüchtern, brach er in Tränen aus und bat mich um Verzeihung. Doch Stefan verlor mehr und mehr die Kontrolle über sich.

Als unser Sohn zwanzig Monate alt war, fiel er einmal beim Spielen von Charlies Hundekörbchen. Er schrie entsetzlich und wollte sich auch am späten Nachmittag nicht beruhigen. So beschloß ich, ihn in den Kinderwagen zu setzen und zum Arzt zu fahren. Meinem Mann hinterließ ich einen Zettel: „Mein lieber Schatz, Timo ist vom Hundekorb gefallen und hat sich sehr weh getan. Ich muß mit ihm zum Arzt gehen. Sei bitte nicht böse. P.S. Hole uns doch ab, ich würde mich so sehr freuen. Deine Gunda.“

Dr. Albrecht, unser Kinderarzt, nahm uns sofort dran und ließ sich von mir erzählen, wie es passiert war. Da er selbst keinen Röntgenapparat besaß, schickte er mich mit meinem Sohn zu einem Kollegen. Dort mußte ich lange auf die Diagnose warten: Schlüsselbeinbruch. Timo trug nun einen sogenannten Rucksackverband. Mit Schmerzzäpfchen ausgerüstet hastete ich nach Hause. Ich hatte große Angst, daß Stefan wegen meiner verspäteten Rückkehr sehr böse sein könnte. Mein Mann fragte nicht einmal, wie es Timo ging, sondern schlug mir schon im Wohnungsflur ins Gesicht. Ich flüchtete mit Timo ins Schlafzimmer und legte mich mit ihm ins Bett. Es wurde eine lange Nacht. Timo hatte große Schmerzen beim Liegen und schrie aus Leibeskräften. Verzweifelt versuchte ich, ihn zu trösten und ihm das Liegen angenehmer zu machen, doch er wollte sich nicht beruhigen. Da fielen mir die Schmerzzäpfchen ein, die ich im Kinderwagen liegengelassen hatte. Leise schlich ich mich aus dem Zimmer. Doch Stefan, der zu diesem Zeitpunkt schon stark angetrunken war, hatte den Wagen ins Wohnzimmer geschoben und die Türe abgeschlossen. Zaghaft klopfte ich an. Doch Stefan ließ sich weder durch Flehen noch durch Drohungen dazu bewegen, die Türe aufzumachen. Auch das Weinen unseres Sohnes schien ihn nicht zu berühren. Ich wußte nicht, was ich tun sollte. Erst als ein aufgeschreckter Nachbar ihn um Vernunft bat, öffnete er, schob den Wagen heraus und knallte sie wieder zu. Ich versorgte mein geplagtes Kind und schloß vorsichtshalber auch meine Türe ab.

Auch am nächsten Tag war mein Mann noch nicht ruhiger. Er hatte die ganze Nacht durchgetrunken und herumgepoltert. Mir schien die einzige Lösung zu sein, ins Frauenhaus zu gehen, von dem mir eine Nachbarin erzählt hatte, die wohl ahnte, wie es mir erging, und auch den Lärm hörte. Doch Stefan hatte sich wie ein Wachhund vor die Schlafzimmertüre gesetzt und gedroht, er würde mir den Hals umdrehen, wenn ich herauskäme. Erst als es dunkel wurde, ging er weg. Leise öffnete ich die Türe. Doch kaum hatte ich den Wohnungsflur betreten, als er mit einem Messer auf mich zukam. Er würde zustechen, wenn ich versuchen sollte, das Haus zu verlassen. Ich weinte und erinnerte ihn daran, daß ich hochschwanger war. Er ließ das Messer fallen, drückte mich an die Wand und schrie: „Verschwinde! Geh mir aus den Augen!" – dann schlug er zu. Zusammengekauert blieb ich an der Wand hocken und wagte nicht, mich von der Stelle zu rühren. Inzwischen war es dunkel geworden. Unser Sohn lag noch immer in meinem Bett und schien eingeschlafen zu sein. Vorsichtig versuchte ich aufzustehen, als plötzlich mein Mann vor mir stand, mir Timo in die Arme drückte und mich vor die Haustüre stieß. Da stand ich, im achten Monat schwanger, mit meinem zwanzig Monate alten Sohn auf dem Arm auf der Straße. Zu meiner Erleichterung war Timo ruhig und zufrieden. Ich hatte ihm den Rest des Gläschens gegeben, das noch im Kinderwagen gelegen hatte, und er schien nun auch keine Schmerzen mehr zu haben. Ich überlegte, was ich nun tun sollte. Da ich niemanden kannte, zu dem ich zu dieser Zeit noch hätte gehen können und ich mich auch entsetzlich geschämt hätte, entschied ich, die nächste Polizeistation aufzusuchen. Dem Polizisten erzählte ich weinend, daß ich mit meinem Kind vor die Türe gesetzt worden war. Mitleidig bot er mir einen Stuhl an. Ich nahm dankbar an, denn Timo war schwer, und ich hatte starke Rückenschmerzen. Dreißig Minuten später begleiteten mich zwei Polizisten zu meiner Wohnung, halfen mir beim Einpacken der nötigsten Dinge und brachten mich anschließend in ein Frauenhaus. Stefan hatte beim Packen schweigend daneben gestanden und mir höhnisch hinterher gerufen: „Viel Spaß mit deinen neuen Liebhabern!"

Zwischen allen Stühlen

Die Zeit im Frauenhaus war deprimierend. Die Kinder dort schrien viel, und die Frauen, die aus ähnlichen Gründen wie ich ihre Männer verlassen hatten, waren wütend und traurig. Dazu herrschten äußerst beengte Wohnverhältnisse. In jedem Zimmer waren zwei Frauen mit ihren Kindern untergebracht. Ich erinnere mich, daß ich einmal von einer kinderlosen Mitbewohnerin böse ausgeschimpft wurde, weil ich Timo einen Plastikbecher aus der Küche mit in die Badewanne gegeben hatte. Die Stimmung war gereizt, und ich fühlte mich furchtbar elend. Bald hatte ich so großes Heimweh, daß ich es nicht mehr aushalten konnte. Vier Wochen später nahm ich wieder Kontakt zu meinem Mann auf, und eine Woche danach war ich zu Hause. Stefan hatte sich für alles entschuldigt und versprochen, nie wieder so grob zu mir zu sein. Ich glaubte ihm und war froh, daß unsere Familie wieder zusammen war.

Einen Monat später brachte ich ein gesundes Mädchen zur Welt. Wir nannten sie Tina. Sie sollte uns helfen, alles, was bisher geschehen war, zu vergessen. Das klappte auch zunächst. Stefan trank weniger, unser Sohn machte große Fortschritte, und Tina entwickelte sich gut. Ich ging nun stundenweise arbeiten – ich füllte in einem Lebensmittelladen die Regale auf –, während eine Nachbarin die Kinder versorgte. Wohl wußte ich, daß Stefan meine Arbeit zwar stillschweigend hinnahm, aber nicht damit einverstanden war. Mit der Vorahnung, daß dies bald wieder zu einem Streit zwischen uns führen könnte, war ich ständig darauf bedacht, pünktlich nach Hause zu kommen und nur zum Arbeiten die Wohnung zu verlassen. Einige Zeit ging es gut, doch bald fing Stefan wieder an, mir vorzuwerfen, ich sei auf Abenteuersuche. Der Familienfrieden war mir wichtiger – ich kündigte. Als ich an meinem letzten Arbeitstag zehn Minuten später als verabredet nach Hause kam – meine Kollegen hatten zum Abschied eine Flasche Sekt spendiert –, war mein Mann bereits derart zornig, daß er sofort zuschlug. Er stieß mich so lange gegen die gläserne Küchentüre, bis sie zerbrach. Mit leichten Schnittverletzungen lief ich aus dem Haus, holte meine Kinder von den Nachbarn und ließ mich von einem Taxi ins Frauenhaus fahren. Wieder vergingen mehrere Wochen, bis ich es vor Sehnsucht nicht mehr aushielt. Zwar war ich dieses Mal in einem großen, freundlichen Haus mit netten Mitbewohnerinnen gelandet, doch ich fühlte mich einsam und unglücklich. So packte ich bald wieder meine Sachen, nahm meine Kinder und ließ mich nach Hause fahren. Stefan empfing uns dieses Mal ohne das freudige Blitzen in den Augen, das er bei unserer ersten Rückkehr gehabt hatte. Er war betrunken und würdigte uns kaum eines Blickes. Timo, Tina und ich schlichen uns ins Gästezimmer, und ich versuchte, meine Kinder nichts von dieser unfreundlichen Atmosphäre spüren zu lassen. Schon wenige Tage später aber war mir klar, daß es nicht nur für mich, sondern auch für sie der größte Fehler gewesen war, wieder zurückzugehen.

„Es hätte alles so schön sein können"

Eines meiner schlimmsten Probleme ist, daß ich bei einem Streit ständig die Fehler bei mir suche. So war es auch damals. Ich fühlte mich schuldig an unserer Misere und glaubte, alles gut machen zu müssen. Ich opferte alle Kraft, um den Haushalt und die Kinder zu versorgen, kochte, bügelte, wusch, stand morgens mit Stefan auf und holte ihn abends mit dem Auto wieder ab. Da er wegen Alkohol am Steuer schon vor unserer Ehe den Führerschein verloren hatte, verließ er sich ganz auf mich. Jeden Tag stand ich pünktlich auf dem Betriebsparkplatz und wartete auf ihn. Als ich jedoch eines Tages zu spät kam, weil ich vergessen hatte, zu tanken, sollte das uns völlig aus der Bahn werfen.

Der Tag war hektisch gewesen. Ich hatte von einer Bekannten Besuch bekommen, die ihre drei lebhaften Kinder mitgebracht hatte. Beim Kaffeetrinken glaubte Sabine mit mir über meine Eheprobleme sprechen zu müssen – sie wollte mir helfen. Doch ich blockte ab. Ich wollte und konnte nicht darüber reden, aus Angst, Mißtrauen, Gewohnheit und aus Rücksicht auf Stefan. Da ihre Kinder mein komplettes Mobiliar auf den Kopf gestellt hatten, mußte ich mich am Nachmittag ziemlich anstrengen, um alles wieder ordentlich zu machen. Stefan durfte auf keinen Fall erfahren, daß ich Besuch gehabt hatte.

Nachdem ich dann in aller Eile meine Kinder angezogen

und ins Auto gepackt hatte, fiel mir unterwegs auf, daß ich bereits auf Reserve fuhr. Ich entschied, noch schnell zu tanken. Obwohl ich mich sehr beeilt hatte, kam ich zehn Minuten zu spät auf dem Parkplatz an. Stefan hatte sich schon ungeduldig an den Straßenrand gesetzt – ich ahnte, daß es wieder ein unfreundlicher und liebloser Abend werden würde. Schon beim Einsteigen fing er an, mich zu beschimpfen. Ich versuchte ihm zu erklären, daß ich nur kurz getankt hatte. Doch darüber geriet Stefan erst richtig in Wut. Er schrie mich an: „Was, du warst tanken? Hast wohl da einen netten Mann getroffen, du alte Schlampe! Du bist die billigste Drecksau, die ich je kennengelernt habe!" Ich spürte, daß Stefan sich derart in seinen Zorn hineinsteigerte, daß er bald wieder die Kontrolle verlieren und zuschlagen würde. Ich flehte ihn an, er möge sich doch beherrschen, solange wir im Auto saßen und unsere Kinder den Streit miterleben mußten. Doch Stefan war außer sich – er zog mich an den Haaren, riß das Lenkrad zur Seite und schlug zu. Ich schaffte es gerade noch, das Auto am Straßenrand zum Stehen zu bringen, mich loszureißen und meine Kinder aus dem Wagen zu ziehen, als Stefan auch schon den Platz gewechselt hatte und Gas gab. Mit beiden Kindern auf dem Arm stolperte ich heulend über die Wiesen zur nächsten Telefonzelle. Von weitem konnte ich sehen, wie mein Mann wendete und zurückfuhr. Als ich das Telefonhäuschen erreicht hatte, stand er mit seinem Wagen auch schon dort. In panischer Angst wählte ich die Nummer der nächsten Taxizentrale und wagte mich nicht aus dem kleinen Häuschen. Qualvolle Zeit verging. Mein Sohn sah mich mit großen Augen an, und Tina schmiegte sich schutzsuchend an meine Brust.

Endlich kam das Taxi, und ich schlüpfte mit meinen Kindern hastig hinein. Ich beschrieb dem Fahrer den Weg zu Sabine. Doch Stefan stellte sich quer auf die Fahrbahn. „Was ist das denn für ein Idiot?" fluchte der Taxifahrer und wich aus. Ich antwortete nicht, denn ich schämte mich für Stefan.

Als wir fluchtartig Sabines Haus betraten, stand Stefan schon am Straßenrand und beobachtete uns. Doch erst einmal war ich in Sicherheit. Timo und Tina lebten schnell wieder auf und spielten fröhlich mit den Kindern meiner Bekannten. Ich erzählte Sabine, was passiert war, und beteuerte, daß ich nie mehr zu meinem Mann zurückkehren würde.

Am Abend ließ ich Timo und Tina bei ihr und schlich mich in meine Wohnung. Ich wollte Kleider, Windeln und Tinas Fläschchen holen. Stefan saß betrunken im Wohnzimmer und hörte Musik, während er eine Flasche nach der anderen öffnete. Zögernd setzte ich mich zu ihm und erklärte, daß ich nun die Wohnung verlassen und ganz sicher nie mehr zurückkommen würde. Er fauchte: „Geh nur, du Schlampe, glaube bloß nicht, daß ich dich noch mal reinlasse." Das reichte. Ich stand auf, packte den Koffer auf Tinas Kinderwagen und öffnete die Wohnungstüre. In diesem Moment tat er mir plötzlich furchtbar leid, und ich war versucht, die Türe wieder zu schließen. Doch dann fielen mir meine Kinder ein, und mir war klar, daß ich nun da durch mußte, meinen Kindern und mir zuliebe. Gerade wollte ich die Türe hinter mir schließen, als ich ein Schluchzen hörte. Ich ging zurück in die Wohnung. Stefan saß zusammengesunken auf dem Sessel und weinte wie ein kleines Kind. Mitleidig kniete ich mich zu ihm und flüsterte: „Es hätte alles so schön sein können." Stefan sah auf, nahm meine Hand und stammelte: „Gunda, bleib da, laß mich nicht alleine. Ich bitte dich, hilf mir, ich kann ohne dich nicht leben." Ich war freudig überrascht, doch gleichzeitig spürte ich Mißtrauen und antwortete: „Ich kann so nicht weiterleben. Du erdrückst mich, und ich habe Angst vor dir." – „Ich weiß", sagte Stefan. „Gunda, bring mich in ein Krankenhaus, ich schaff es nicht alleine. Der Alkohol macht mich kaputt, ich komm nicht weg davon." Entschlossen stand ich auf: „Ich pack dir was zusammen, dann fahren wir los."

Als wir nach zwei Stunden – so lange hatte Stefan gebraucht, bis er fertig war – endlich im Krankenhaus ankamen, führte uns ein Krankenpfleger auf die „Medizinisch-psychologische Station". Ein freundlicher Arzt kümmerte sich sofort um meinen Mann. Erleichtert fuhr ich zu Sabine, um die Kinder abzuholen.

Stefan war in die geschlossene Abteilung der Psychiatrie gekommen. Er lag im Bett, und sein Körper zeigte alle Entzugserscheinungen eines Süchtigen. Er zitterte, schwitzte, war leichenblaß und konnte sein Bett nicht verlassen. Ich konnte den Anblick kaum ertragen. Zum Glück hatte ich die Kinder bei Sabine gelassen, sie wären sicher noch mehr erschrocken als ich. Doch Stefan ging es von Tag zu Tag besser. Er lief wieder herum, spielte Tischtennis und lachte viel. Doch während sich sein Zustand zu stabilisieren schien, ging es mir zusehends schlechter. Ich kränkelte, war nervös, niedergeschlagen und müde. Als ich einen Arzt um Rat fragte, erkannte dieser schnell, daß ich mit meinen Nerven am Ende war. Er schlug mir vor, an einer vierwöchigen Mutter-Kind-Kur im Schwarzwald teilzunehmen. Begeistert stimmte ich zu. Stefan erzählte ich anfangs nichts davon; ich hatte Angst, er könnte wieder in seine alten Verhaltensmuster zurückfallen und mißtrauisch-aggressiv reagieren. Meine Vorsicht war berechtigt, denn der Therapeut meines Mannes warnte mich vor verfrühtem Optimismus, Stefan sei sehr labil und zeige leider keine Motivation, nach dem Aufenthalt im Krankenhaus eine Entziehungskur zu machen. Enttäuscht stellte ich meinen Mann zur Rede. Er sagte: „Was ihr mir alle einreden wollt. Du siehst doch, ich komme gut ohne Alkohol aus. Ich brauche keine Kur. Nächste Woche komme ich raus, und dann wird alles anders."

Zunächst wurde wirklich alles anders. Stefan war wieder jener liebenswürdige Mensch geworden, in den ich mich verliebt hatte. Er trank nicht, ließ mir meine Freiheit und kümmerte sich liebevoll um unsere Kinder. Obwohl alles gut lief, war ich entschlossen, meine Kur im Schwarzwald anzutreten. Ich wußte, daß mir ein paar Wochen Entspannung guttun würden und auch meine Kinder einmal Abwechslung brauchten. Ich kaufte mir neue Unterwäsche, einen Morgenmantel und ein paar schöne Pullover. Argwöhnisch beobachtete Stefan meine Vorbereitungen, er schien sich sehr beherrschen zu müssen, um seine aufkommende Eifersucht zu unterdrücken.

Am letzten Tag vor meiner Abreise kam es denn doch noch zu einem Streit. Stefan wollte mich zurückhalten. Doch dieses Mal ließ ich mich nicht beirren. Obwohl ich vor der neuen Umgebung und den fremden Menschen Angst hatte, wollte ich doch endlich einmal in meinem Leben selbständig und konsequent handeln. So saßen meine Kinder und ich am nächsten Tag im Zug und winkten Stefan nach, bis wir ihn nicht mehr sehen konnten.

Ich rede mir vieles von der Seele

In Freudenstadt wurden wir von einem freundlichen Zivildienstleistenden des Kurheimes empfangen. Er lud unser Gepäck in einen Bus und fuhr uns in den zwanzig Kilometer entfernten Kurort Bad Peterstal. Dort wurden wir von der Heimleiterin begrüßt, Frau Mang. Nach dem gemeinsamen Abendessen wurde jeder Mutter mit ihren Kindern ein großes, freundliches Zimmer zugewiesen. Es gefiel mir sehr gut in diesem Haus. Die Atmosphäre stimmte, das Freizeitangebot war vielseitig, die Mitbewohnerinnen nett. Einmal in der Woche kam der Kurarzt, Dr. Bosch, um sich nach dem Gesundheitszustand der Kurteilnehmer zu erkundigen und neue Anweisungen für Bäder, Massagen oder das Essen zu geben.

Wir waren nun schon seit zwei Wochen im Kurheim. Den Vormittag verbrachten die Frauen mit Kuranwendungen und Spaziergängen. Am Nachmittag spielten wir mit den Kindern, faulenzten und unterhielten uns. Abends wurden Bastelkurse und Gesellschaftsspiele angeboten. Es war Sommer, und die gesunde Schwarzwaldluft tat uns allen sehr gut. Während meine Kinder im hauseigenen Kindergarten waren, schrieb ich an Stefan oder las. Zweimal in der Woche telefonierten wir miteinander, und ich spürte, wie langsam Ruhe und Zuversicht bei mir einkehrten. Stefan hatte versprochen, keinen Tropfen Alkohol mehr anzurühren, und ich hatte erklärt, daß ich gerne wieder heimkam, wenn er sein Versprechen hielt. Doch eine Woche später wurde meine ganze Hoffnung zerstört. Ich merkte es schon nach den ersten Sätzen. Stefan hatte sein Versprechen gebrochen. Er war betrunken. Von nun an griff er wieder täglich zur Flasche und rief jeden Abend, manchmal sogar mitten in der Nacht, an. Ich solle sofort nach Hause kommen und meinen Kurschatten verlassen. Ich war verzweifelt. Bald konnte ich nichts mehr essen, schloß mich in mein Zimmer ein und grübelte.

Mein verstörtes Verhalten fiel der Heimleiterin auf, und sie bot mir ein Gespräch unter vier Augen an. Dankbar nahm ich an, ich mußte endlich mit jemandem reden. Frau Mang – sie war von Beruf Sozialpädagogin – hörte mir geduldig zu. Das Sprechen tat mir gut, und von nun an ging ich fast täglich zu ihr. Bis auf die Erlebnisse mit meinem Vater erzählte ich ihr alles aus meinem Leben. Zum erstenmal hatte ich Vertrauen zu einem Menschen gefaßt. Frau Mang sorgte dafür, daß die Anrufe meines Mannes von mir ferngehalten wurden. Doch die Zeit verging viel zu schnell. Am letzten Abend feierten meine Kurkolleginnen Abschied, während ich weinend in einer Ecke saß. Freundschaftliche Aufforderungen, doch mitzufeiern, hatten mich nicht bewegen können, mich zu ihnen zu setzen. Ich wußte einfach nicht, wie es weitergehen sollte. Am Abreisetag saß ich verzweifelt in meinem Zimmer und war nicht dazu in der Lage, mich von meinen Kolleginnen zu verabschieden. Bald war das Haus leer. Nur das Personal war zurückgeblieben und Tina, Timo und ich. Frau Mang hatte mich in ihre Wohnung geführt und mir ihre Eltern vorgestellt, doch all das konnte mich nicht von meinen Sorgen befreien. Mir war klar, irgendwann mußte eine Entscheidung fallen, ich konnte nicht ewig in diesem Haus zurückbleiben. Frau Mang riet mir, meinem Mann zu sagen, daß ich nur nach Hause käme, wenn er eine Entziehungskur machen würde. Stefan war überrascht, als ich ihn anrief, er hatte geglaubt, ich würde schon im Zug sitzen. Kaum hatte ich ihm meine Bedingung genannt, als er schon wütend durch die Leitung brüllte: „Du alte Sau! Hast also doch einen Kurschatten! Laß dich bloß nicht mehr bei mir sehen! Ich bring' dich um, das verspreche ich dir ..." Ich ließ den Hörer fallen und sank weinend zu Boden.

Auf wackeligen eigenen Füßen

Noch in der gleichen Nacht kam ich wieder in ein Frauenhaus. Frau Mang hatte dort für mich und meine Kinder einen Platz organisiert und mir versprochen, mich gleich am nächsten Tag anzurufen. Timo, Tina und ich schliefen in einer Art Abstellkammer, ein Zimmer konnte für uns zu so später Stunde nicht mehr frei gemacht werden. Es war eine entsetzlich lange Nacht. Meine Kinder schliefen zwar friedlich, ich jedoch war völlig durcheinander und machte kein Auge zu.

Schon oft in meinem damals fünfundzwanzigjährigen Leben hatte ich mein Zuhause verloren und nicht gewußt, wie es weitergehen sollte. Doch dieses Mal hatte ich das Gefühl, in Bad Peterstal im Schwarzwald eine Heimat finden zu können. Vor allem waren hier Menschen, die sich um mich sorgten und mit denen ich reden konnte. Frau Mang und Dr. Bosch kümmerten sich wirklich um mich. Weil ich endlich einmal in meinem Leben Freunde gefunden hatte, was mich vollkommen in Anspruch nahm, war es mir zuviel, mich auf neue Gespräche, neue Beziehungen im Frauenhaus einzulassen. Es

gab auch dort engagierte Helferinnen und nette Mitbewohnerinnen, doch ich fieberte nur den Telefonanrufen von Frau
Mang entgegen und hoffte, wieder zu ihr zurückkehren zu
können. Oft saß ich stundenlang in meinem Zimmer und
heulte. Meine Kinder fühlten sich zum Glück im Frauenhaus
recht wohl. Wir lebten zusammen mit einer türkischen
Mutter und deren drei Kindern in einer kleinen Wohnung. Sie
wohnte schon länger in diesem Haus und sah alles, was in der
Wohnung an den Wänden hing oder auf dem Tisch stand, als
ihr persönliches Eigentum an. Ich wurde mehr als Gast
geduldet und konnte mich nicht so frei bewegen, als wäre ich
in meinen eigenen vier Wänden. Während ich gern für frische
Luft sorgte, zog sie es vor, lieber alles geschlossen zu halten.
Spielten ihre Söhne mit den Spielsachen, die dem Frauenhaus
gehörten, durften meine Kinder nicht mitspielen. Wollte ich
etwas kochen, stand sie bereits in der Küche. Dementspre-
chend verstanden wir uns nicht sonderlich gut. Da ich ja auch
nie gelernt hatte, mich durchzusetzen, ging ich den Weg des
geringen Widerstandes und hielt mich mit meinen Kindern
die meiste Zeit außerhalb der Wohnung auf. Dabei freundete
ich mich mit einer jungen taubstummen Mutter an, die auch
zwei Kinder hatte. Wir unterhielten uns schriftlich oder mit
Händen und Füßen. Diese Freundschaft machte mir die Zeit
im Frauenhaus einigermaßen erträglich. Doch die Nächte
waren schlimm, ich fühlte mich sehr alleine. So freute ich
mich sehr, als Frau Mang mir eines Tages erklärte, daß ich
zunächst im Personalhaus des Kurheimes, in dem auch sie
wohnte, Unterkunft finden könnte. Gleich am nächsten Tag
fuhr ich hin. Meine Kinder und ich bezogen ein leeres
Achtbettzimmer, das früher einmal zum Kinderkurheim
gehört hatte. Es störte mich nicht, daß es sehr unfreundlich
und kalt war. Ich fühlte mich zu Hause. Meine Kinder
besuchten wieder den Kurkindergarten, und ich versuchte
auszuhelfen, wo es nötig war. Ich traf mich regelmäßig mit
Frau Mang und sprach mit ihr über meine Sorgen und

Probleme. Nur über ein Thema, die Beziehung zu meinem Vater, konnte ich noch immer nicht reden. Selbst dann nicht, als Frau Mang, die etwas zu ahnen schien, mich direkt darauf ansprach. Um meinem Kummer Luft zu machen, schrieb ich nachts seitenlange Briefe, die ich heimlich unter ihre Türe schob.

Bei dem Gedanken, daß sie alles lesen würde, fühlte ich mich erleichtert. Ich war mit meinem Schmerz nicht mehr alleine. Frau Mang war unendlich geduldig und half mir auch über die Trennung von meinem Mann hinweg. Doch als ich eines Tages – Weihnachten stand vor der Türe – erfuhr, daß ich mein Zimmer innerhalb von acht Wochen räumen sollte, brach für mich wieder eine Welt zusammen. Frau Mang hatte zwar einige Male angedeutet, daß man an höherer Stelle nicht mit mir einverstanden war. Aber ich hatte es nicht hören wollen. So stand ich vor dem Problem, nun eine geeignete Wohnung für Timo, Tina und mich zu finden. Als Alleiner-ziehende mit zwei Kindern und ohne Einkommen schien das fast aussichtslos. Ich sah mich schon auf der Straße sitzen, als mir völlig unerwartet eine hübsche, geräumige Wohnung in der Nähe von Bad Peterstal angeboten wurde. Die Eigentümer waren ein liebenswertes älteres Ehepaar, das mir tatsächlich die Zimmer zu einem sehr günstigen Mietpreis überließ. Den Hausschlüssel nahm ich mit gemischten Gefühlen entgegen, denn mit der eigenen Wohnung begann ja auch ein neues, selbständiges Leben. Ich sollte ganz auf mich alleine gestellt die Verantwortung für zwei kleine Kinder übernehmen.

Leben ohne Angst

Die erste Zeit in der neuen Wohnung war sehr hart. Ich hatte weder Möbel noch die finanziellen Mittel, mich einzurichten. Das zuständige Sozialamt stellte sich zunächst stur und zahlte mir drei Monate lang keine Hilfe. Ich verstehe das zwar heute noch nicht, aber man speiste mich tatsächlich mit den Worten „Sie haben sich Ihre Situation ja alleine eingebrockt" ab. Damit ich mich wenigstens mit dem Notwendigsten versorgen konnte, liehen mir meine neuen Freunde Geld. Während meine Kinder nach wie vor im Kindergarten des Heimes betreut waren, ging ich putzen. Aber ich lernte damals auch kennen, was Hilfsbereitschaft bedeutet: Viele meiner neuen Nachbarn schenkten mir gebrauchte Möbel, altes Geschirr und was man sonst noch zum Leben braucht. So war meine Wohnung bald eingerichtet. Ein Sozialarbeiter hatte zudem organisiert, daß ich aus meiner ehemaligen Wohnung meine Kleider, einen Teil meiner Papiere und einige Küchengegenstände holen konnte. Stefan hatte allerdings vieles zerstört oder versteckt.

Daß ich die Scheidung eingereicht hatte, gab mir das Gefühl, mein Leben langsam in den Griff zu bekommen. Noch immer traf ich mich mit Frau Mang und hielt mich in meiner Freizeit auch oft im Kurheim auf. Timo und Tina hatten sich inzwischen an ihr neues Zuhause gewöhnt. Beide waren hübsche und lebhafte Kinder, und sie standen überall, wo sie auftauchten, im Mittelpunkt. Zum erstenmal in meinem Leben brauchte ich keine Angst vor Gewalt zu haben; und ich lernte auch, mit meiner Einsamkeit fertig zu werden. Die Sehnsucht nach Stefan wurde weniger – ich bereute die Trennung von ihm nicht. Doch meine Erinnerungen verfolgten mich immer noch, und ich hatte mit Depressionen zu kämpfen, besonders wenn ich alleine war oder mich von Frau Mang verabschieden mußte. Doch es gelang mir, mit meinen wechselnden Stimmungen fertig zu werden. Ich kümmerte mich sehr intensiv um meine Kinder und den Haushalt und lenkte dadurch ein wenig von mir selber ab. Die kleine Siedlung, in der ich wohnte, gefiel mir gut, meine Nachbarn waren freundlich, doch ich hatte auch in dieser scheinbar so friedlichen Atmosphäre noch einiges zu verkraften. Im Sommer 1988 brach ich mir zuerst den Zeh, dann wurde entdeckt, daß Timo schwerhörig war, und Tina zog sich eine Blutvergiftung zu. All das innerhalb eines Monats! Doch es sollte noch schlimmer kommen.

Fremde Hilfe

An einem sommerlich heißen Tag saß ich mit meinen Kindern im Garten. Wir ließen uns Würstchen mit Pommes frites schmecken, die wir selbst gegrillt bzw. fritiert hatten. Die Friteuse hatte ich in der Küche auf den Herd gestellt. Gerade wollte ich meinen Teller zum zweitenmal füllen, als ich plötzlich spürte, daß etwas nicht in Ordnung war. Als ich mich umdrehte, sah ich helle Flammen aus dem Küchenfenster schlagen. Die Friteuse hatte sich entzündet! Voller Panik wollte ich in die Wohnung laufen, doch der beißende Qualm hielt mich zurück. Ich rannte zum nächsten Haus, um die Feuerwehr zu rufen, doch ein besonnener Nachbar hatte bereits einen Schlauch in die Hand genommen und den Brand durch das Küchenfenster gelöscht. Ein erschreckendes Bild bot sich mir. Die komplette Küche war abgebrannt, alles, was ich mir so mühevoll erarbeitet und zusammengespart hatte. Nichts war mehr heil, der Herd, die Schränke, sogar die Fensterrahmen sahen verkohlt aus. Mit den Nerven am Ende, ließ ich mich auf mein Sofa fallen und hielt meine Hände vor das Gesicht. Wie sollte ich dieses Chaos wieder in den Griff bekommen? Ich hatte mir keine Versicherung leisten können. Ich fuhr zu Frau Mang und erzählte ihr weinend, was passiert war. Auch sie war erschrocken und wußte nicht, was sie sagen sollte. Die darauffolgende Nacht machte ich kein Auge zu. Die Polizei war am Abend noch gekommen und hatte mir eine Anzeige wegen fahrlässiger Brandstiftung angedroht. Die Beichte an meine Vermieter, die an dem Unglückstag nicht zu Hause gewesen waren, stand mir auch noch bevor. Meine Kinder hatten den Brand eher als ein Abenteuer angesehen –

sie ahnten nicht, welche Probleme er verursachte. Am nächsten Tag versuchte ich, meinen Vermietern das Unglück schonend beizubringen. Aber auch sie waren zunächst erschrocken und starrten entgeistert auf die zerstörte Küche. Jetzt erst sah man, daß das Feuer auch die Türrahmen zerstört und die Stromkabel angegriffen hatte, meine Wohnzimmerdecke war geschwärzt, die Tapete verkohlt, im Flur die Tapete gelöst, und an der Decke waren häßliche braune Blasen und Flecken. Nur der Parkettboden war unbeschädigt geblieben. Ein Hoffnungsschimmer, der mir Mut gab, das Chaos langsam zu beseitigen. Zum Glück fanden sich ein paar nette Nachbarn, die mir halfen, die Fensterrahmen abzuschleifen und neu zu streichen. Neue Leitungen wurden gelegt, die Decken gestrichen, Lampen angebracht und was noch zu retten gewesen war, zusammengeflickt und mit Farbe abgedeckt. Meine Helfer organisierten sogar neue, gebrauchte Möbel, ich kaufte einen Herd, und Nachbarn spendeten Gardinen. Meine Vermieter hatten den Brand ihrer Feuerversicherung gemeldet und mir das Geld für die Renovierung gegeben. Zwei Wochen später war meine Wohnung wieder in Ordnung, und ich war sehr dankbar für die großzügige Hilfe, die mir von fremden Menschen zuteil geworden war. Nicht zuletzt das gab mir neuen Lebensmut.

Die Vergangenheit holt mich noch einmal ein

Im Winter wurde mein kleiner Timo operiert. Seine Schwerhörigkeit war die Folge einer harmlosen Sekretverstopfung der Nebenhöhle der Nase. Ich hatte mich und Tina mit einweisen lassen, um ständig bei ihm zu sein. Silvester 1988 verbrachte ich alleine in meiner Wohnung und dachte an die vielen feiernden Menschen, die sich zuprosteten und sich ein gutes neues Jahr wünschten. Mein Vorsatz für 1989 war, daß mich nichts mehr aus der Bahn werfen sollte, im letzten Jahr waren mir genug Streiche gespielt worden. Ich hoffte auf eine glückliche und ausgeglichene Zeit. Aber der 9. Januar 1989 sollte ein neues schmerzhaftes Erlebnis für mich bereithalten.

Es fällt mir sehr schwer, darüber zu schreiben, doch das Wissen, daß seitdem mein Leben wirklich eine Wende genommen hat, gibt mir die Kraft dazu.

Es war an einem Montag. Meine Kinder hatte ich bereits in den Kindergarten gebracht, und ich war völlig alleine im Haus. Verschiedene Hausarbeiten warteten auf mich, und ich machte mich an die Arbeit. Als es klingelte, öffnete ich – wieder einmal – ahnungslos die Türe. Mein Vater stand dort. Er hielt mir freundlich die Hand entgegen und meinte: „Grüß dich, mein Mädchen, wie geht es dir?" Ich sagte: „Ganz gut" und blieb hartnäckig in der Türe stehen. Dennoch gelang es ihm, mich zur Seite zu schieben und sich Einlaß zu verschaffen. Er setzte sich unaufgefordert an den Küchentisch. Als er mich um einen Kaffee bat, stellte ich ihm folgsam eine Kanne voll hin. Die alten Abhängigkeiten waren sofort wieder da. Er erzählte von dem Tod seiner Frau, von der Scheidung seines ältesten Sohnes und von den Hühnern, die er verkauft hatte. Nach und nach wurde ich ruhiger. Er schien ohne Hintergedanken gekommen zu sein, lobte meinen ordentli- chen Haushalt und die hübschen Kinderphotographien an der Wand. Wir saßen wohl eine Stunde am Tisch, tranken Kaffee und unterhielten uns. Erst als er mich bat, doch ein wenig näher zu rücken, wurde ich wieder sehr mißtrauisch. Ich schüttelte den Kopf und blieb sitzen. Auch mein Vater bewegte sich nicht von der Stelle und schenkte sich eine neue Tasse Kaffee ein. Zitternd saß ich ihm gegenüber und wagte nicht, ihn anzusehen. „Jetzt sei doch nicht so aufgeregt", sagte er plötzlich und versuchte, meine Hand zu nehmen. Ich sprang auf und wollte aus dem Zimmer laufen. Doch er hielt mich fest, zog mich auf seinen Schoß und preßte mich an sich. Ich war wieder derselben Demütigung ausgesetzt wie schon so oft. Auch dieses Mal fand ich keinen Mut, um Hilfe zu rufen;

mein Schamgefühl war größer als die Angst und der Schmerz. Ich ließ es über mich ergehen, in der Hoffnung, danach erlöst zu sein. Doch ich sollte mich irren. Nachdem mein Vater von mir abgelassen hatte, überfiel ihn eine unbändige Wut. Er schrie mich an: „Du alte Sau – jetzt kann ich dir endlich sagen, was mir schon lange im Magen liegt! Deinetwegen bin ich zum Versager geworden! Du bist schuld, daß ich eines meiner Häuser verkaufen mußte. Ich habe in Beruf und Ehe versagt, alles wegen dir. Du wirst nie gut machen können, was du mir und der ganzen Familie angetan hast!" Bei jedem Satz trat er mir in den Unterleib und zwischen meine Beine. Es tat höllisch weh, denn er trug harte Schuhe. Ich spürte, wie sich zwischen meinen Beinen eine dicke, harte Wulst bildete. Zusammengekrümmt blieb ich liegen und hörte nur noch die Türe ins Schloß fallen. Mir liefen nicht einmal Tränen übers Gesicht, ich fühlte nichts, ich spürte nur diesen quälenden Schmerz im Unterleib. Trotzdem raffte ich mich auf und schleppte mich ins Badezimmer. Ich hatte nur einen Gedanken. Ich mußte mich waschen, nichts auf der Welt schien jetzt wichtiger zu sein als in die Wanne zu steigen. Trotz heftiger Schmerzen setzte ich mich in das warme Wasser und wusch und schrubbte, als hätte ich die Pest am Leib. Danach kletterte ich mühsam wieder aus der Badewanne, kleidete mich an und schleppte mich in die Küche. Dann ließ ich mich auf das Sofa fallen. Auch im Liegen waren die Schmerzen unerträglich, doch ich wollte keinen Arzt rufen, da ich Angst hatte, erzählen zu müssen, was passiert war. Ich biß die Zähne zusammen und versorgte sogar noch meine Kinder, als sie aus dem Kindergarten gekommen waren. Timo merkte sofort, daß mit seiner Mutter etwas nicht stimmte, und auch Tina machte mein schleppender Gang Angst.

So waren es bald meine kleinen Kinder, die mich versorgten, mir Kaffee einschenkten und mich zudeckten. Ich trank eine Tasse nach der anderen und versuchte, meine Schmerzen zu unterdrücken, um die Kleinen nicht zu beunruhigen. Im Laufe des Nachmittags hatte sich meine Blase gefüllt, aber ich konnte sie nicht entleeren. Immer wieder schleppte ich mich zur Toilette, doch ich schien wie zugenäht zu sein. Erst jetzt, gegen Abend griff ich zum Telefon und rief meinen Arzt an. Er war gleich selbst am Apparat und fragte mich, was los sei. Stockend erzählte ich von den Schmerzen im Unterleib. „Ich weiß gar nicht, ob ich da bei Ihnen richtig bin – es ist mir so schrecklich peinlich." Doch Dr. Bosch meinte: „Aber das braucht Ihnen doch nicht peinlich zu sein, Schmerzen sind Schmerzen, egal, wo sie sind." Wenig später war er da und ließ sich von meinen Kindern ins Wohnzimmer führen. Danach verschwanden sie artig im Kinderzimmer, und ich zog mich mühevoll und umständlich aus. Besorgt schaute sich mein Hausarzt meinen geschwollenen Unterleib an: „Was haben Sie denn nur gemacht, was tue ich denn nun mit Ihnen?" Ich erwähnte nichts vom Besuch meines Vaters, sondern erfand etwas von einem Unfall in der Wohnung. Stirnrunzelnd hatte sich mein Arzt diese Geschichte angehört, dann rief er im Krankenhaus an. Eine Nachbarin erklärte sich bereit, auf die Kinder aufzupassen, und schon kurze Zeit später lag ich in einem Krankenwagen. Weinend hatte ich mich von meinen Kindern verabschiedet, und noch im Wagen hörte ich, wie sie nach mir riefen. Es war furchtbar.

Ein Anfang ist gemacht

Dem Arzt, der mich im Krankenhaus untersuchte, erzählte ich ebenfalls meine wenig überzeugende Geschichte, daß ich in der Wohnung gestürzt sei. Es war mir alles sehr unangenehm – ich hätte mir lieber mehrmals den Arm gebrochen als diese Verletzung im Unterleib gehabt. Doch es half nichts, ich mußte geröntgt und von mehreren Ärzten untersucht werden. Endlich schob mich eine Krankenschwester in ein Zimmer, gab mir ein Schmerzmittel und ließ mich allein. Zuvor hatte man mir noch einen Katheter durch die Bauchdecke gelegt, um meine Blase zu entleeren.

Erst am nächsten Tag erfuhr ich die Diagnose: Schambeinbruch, Bluterguß im Unterleib und Verdacht auf Harnröhrenknick. Nun hieß es still im Bett zu liegen und zu rufen, wenn mir etwas fehlte. Dank des Blasenkatheters brauchte ich keine Bettschüssel. Die Morgenwäsche und das Essen konnten auch vom Bett aus erledigt werden.

Am Tag nach meiner Einlieferung bat mich der Stationsarzt Dr. Thoma um ein Gespräch. Er wollte nicht so recht an die Geschichte von dem Sturz in der Wohnung glauben. Doch ich blieb hartnäckig und leugnete seinen Verdacht ab. Warum, war mir nicht bewußt, wahrscheinlich, weil ich das, was passiert war, noch nicht einmal vor mir selbst zugegeben hatte. Zudem schämte ich mich und hatte Schuldgefühle. Woher die Schuldgefühle kamen, kann ich auch heute schwer sagen. Vermutlich hat es damit zu tun, daß mir von früh an eingetrichtert worden ist, daß ich zu nichts tauge, zu nichts nutze bin. Irgendwann verinnerlicht man diese Haltung und glaubt, an allem, was einem zustößt, selbst schuld zu sein. Mir ist es peinlich, eine Frau zu sein, einen weiblichen Körper zu haben. Ich schäme mich noch heute für jeden Zentimeter an mir, der weiblich ist. Und ich glaube bei jedem, der mich ansieht, den Wert eines Schokoladenriegels zu haben.

Außerdem, würde mich der Arzt nicht fragen: Warum haben Sie sich nicht gewehrt? Warum haben Sie niemandem davon erzählt? Vorwürfe, vor denen ich Angst hatte. Es hat mir zwar niemals Spaß gemacht – im Gegenteil, es war furchtbar –, aber ich habe mich auch nicht gewehrt. Und wenn man einmal nichts gesagt hat, sagt man nie mehr etwas – es wird immer schwieriger. Wie sollte ich dem Arzt das erklären? So blieb ich lieber bei meiner Version der Geschichte und litt doch sehr darunter, nicht die Wahrheit sagen zu können.

Das alles lastete so schwer auf mir, daß ich wieder

Alpträume bekam. Meine Bettnachbarinnen erzählten mir, daß ich nachts oft um Hilfe rief und einmal der Nachtschwester ins Gesicht geschlagen hätte, als sie versuchte, mich zu beruhigen und zuzudecken. Ein anderes Mal fiel ich im Schlaf aus dem Bett. Seitdem wurden jeden Abend auf beiden Seiten des Bettes Gitter angebracht. Ich wurde zweimal operiert und hatte nach sechs Wochen immer noch den Blasenkatheter. Doch in der siebten Woche fühlte ich mich endlich besser, und die Sehnsucht nach meinen Kindern wurde immer stärker. Als mir der Katheter gezogen wurde, beschloß ich, das Krankenhaus auf eigene Faust zu verlassen. Gerade hatte ich mich von meinen überraschten Zimmerkolleginnen verabschiedet, als eine junge Lernschwester das Zimmer betrat. Sie alarmierte sofort die ganze Station. Innerhalb weniger Augenblicke standen drei Krankenschwestern vor mir und versuchten mir klarzumachen, daß mein Handeln unverantwortlich sei. Auch Dr. Thoma war dazu gekommen und hatte vorwurfsvoll mit dem Kopf geschüttelt. Er forderte mich auf, in sein Sprechzimmer zu kommen. Ich erklärte ihm, daß ich Heimweh habe und zu meinen kleinen Kindern wolle. Dr. Thoma war nicht gerade begeistert, doch er sah schließlich ein, daß mich nichts auf der Welt aufhalten konnte. Ich mußte ihm nur versprechen, daß ich mich sofort bei meinem Hausarzt, Dr. Bosch, melde. Dann ließ er ein Taxi rufen, gab mir meine Papiere und verabschiedete sich freundlich, aber mit einem zweifelnden Blick. Ich hielt mein Versprechen und ließ mich direkt zu Dr. Bosch fahren. Dr. Thoma hatte ihn bereits informiert, so blieben mir lästige Erklärungen erspart.

Ängstlich saß ich meinem Hausarzt gegenüber und wartete, was er sagen würde. Doch er ließ mir Zeit, meine Angst in den Griff zu bekommen. Zusehends wurde ich ruhiger und verspürte den Wunsch, diesem Menschen etwas von mir zu erzählen. Auf die Frage, wie es mir gehe, antwortete ich, daß ich Angst vor meinem Vater habe. Er lehnte sich zurück und wollte wissen, was mir mein Vater denn getan habe. Ich schwieg und starrte zu Boden. Wir saßen uns einige Minuten wortlos gegenüber, als er plötzlich fragte: „Wie lange geht das nun schon?" Erleichtert sah ich ihn an, das Kind in mir fing an zu sprechen. Ich flüsterte: „Als ich dreizehn Jahre alt war, hat er es zum erstenmal getan." Dr. Bosch sah mir verständnisvoll in die Augen und schwieg. Ich weinte. „Am liebsten wäre ich tot." Überrascht beugte er sich vor. „Aber warum denn?" Dann stand er plötzlich auf, trat zu mir und fragte: „Mein Gott, jetzt verstehe ich, dann war Ihr Vater im Januar bei Ihnen?" Ich starrte auf meine Hände. Plötzlich hatte ich Angst, es auszusprechen. So schüttelte ich entschieden mit dem Kopf. Doch Dr. Bosch ließ nicht locker. Ich weinte sehr heftig, alles, was sich so lange angestaut hatte, entlud sich in diesem Weinen. Besorgt beugte sich Dr. Bosch zu mir: „Gunda, sagen Sie mir die Wahrheit, war Ihr Vater bei Ihnen?" Doch ich schüttelte den Kopf. Ich war plötzlich furchtbar müde und wollte nur dasitzen und spüren, daß ich nicht alleine war. Daß es einen Menschen gab, dem ich vertrauen konnte. Ich weiß nicht, wie lange wir so saßen. Irgendwann fragte Dr. Bosch, ob ich alleine nach Hause gehen könnte. Ich nickte mit dem Kopf und verließ erleichtert die Praxis. Von diesem Zeitpunkt an besuchte ich ihn regelmäßig. Und ich schreibe ihm noch heute Briefe, in denen ich lückenlos berichte, was meine Familie mir angetan hat.

Als ich damals nach Hause kam und meine Kinder wieder in den Arm nehmen konnte, wußte ich, daß ein neues Leben beginnen würde. Gleich am nächsten Tag wollte ich einen Schwangerschaftstest machen und damit aus meinem Erlebnis kein Geheimnis mehr machen. Auch Frau Mang und Dr. Thoma erfuhren nun die Wahrheit. Beide versuchten, mich davon zu überzeugen, daß es richtig sei, meinen Vater anzuzeigen. Doch es dauerte lange, bis ich endlich den Mut dazu fand.

Mein Vater belästigte mich noch mehrere Male. Doch ich fand Schutz bei Dr. Bosch und seiner Familie, die mich und meine Kinder freundlich aufnahmen. Auch als mein Vater nachts um mein Haus schlich, war der Arzt sofort zur Stelle und blieb bei mir, bis er die Gefahr für vorüber hielt. In dieser Nacht sah ich meinen Vater zum letztenmal. Dr. Bosch hatte kaum das Haus verlassen, als mein Vater plötzlich wieder auf der Straße stand. Kurzentschlossen nahm ich ein langes Küchenmesser in die Hand und drohte, daß ich ihn anzeigen würde, wenn er nicht sofort die Stadt verließ. Ich sei sein Eigentum und niemand sonst habe ein Recht auf mich, hatte er empört zurückgerufen. Anschließend muß er Bad Peterstal verlassen haben.

Erst ein halbes Jahr später war ich soweit: Ich traf mich mit einer Kriminalbeamtin, um Anzeige zu erstatten. Es war eine junge Frau. Mir wäre damals eine etwas ältere und mütterliche Frau lieber gewesen. Doch sie war sehr verständnisvoll und freundlich. Von ihr kam nicht einmal die Frage, ob ich ihn animiert habe oder leichtsinnig gewesen sei. Solche Fragen stellte erst der Staatsanwalt. Vier Stunden mußte ich ihm erzählen: Wie oft und in welcher Weise es geschehen war ... Danach war ich vollkommen fertig. Das schlimmste ist, daß es für „Gewalt" so viele konkrete Beschreibungen gibt. Und der Anwalt wollte es wirklich ganz genau, bis ins kleinste Detail wissen. Und nach dem „Verhör" ging alles noch einmal von vorne los: Da nahm der Herr Staatsanwalt nämlich sein Diktiergerät. und sprach alles haargenau hinein. Und ich konnte mich des Eindrucks nicht erwehren: Jetzt macht es ihm richtig Spaß. Denn für mich klang es wie ein billiger Porno, in dem ich wie eine billige, leblose Puppe war. Ich hielt es nicht aus und rannte weg, bevor ich sein Protokoll unterschreiben konnte. Einige Wochen später erfuhr ich, daß mein Vater von der Polizei gesucht wurde. Das machte mir große Angst. Würde ich ihm vor Gericht gegenübergestellt werden? Müßte ich in seiner Gegenwart alles noch einmal erzählen? Doch Dr. Bosch beruhigte mich und versprach mir, alles zu tun, um eine Gegenüberstellung oder eine öffentliche

Befragung zu verhindern. Ob man meinen Vater schließlich gefunden hat, weiß ich bis heute nicht, und ich habe nicht den Mut, mich danach zu erkundigen. Am liebsten wäre mir, er wäre tot.

Stefan hat seit unserer Trennung aufgehört zu arbeiten, um den Unterhaltszahlungen zu entkommen. Nachdem er monatelang spurlos verschwunden war, hatte ihn die Polizei Ende 1989 gefaßt, und er war in Untersuchungshaft gekommen. Bei der Gerichtsverhandlung mußte ich als Zeugin gegen ihn aussagen. Er bekam drei Jahre auf Bewährung und muß nun seinen Zahlungspflichten nachkommen. Mir tut Stefan unendlich leid. Ich weiß, daß ich nie mehr mit ihm zusammenleben werde, doch für mich ist sein Lächeln noch immer das sympathischste, das ich je gesehen habe. Er hat keine Chance mehr, eine neue Familie zu gründen oder beruflich etwas zu erreichen, denn er muß für fünf Kinder und zwei Frauen aufkommen. Ich fühle mich mitschuldig an seinem verpfuschten Leben. Inzwischen bin ich von ihm geschieden. Er zahlt keinen Unterhalt und ist flüchtig. Ich weiß, daß er sich eine Waffe zugelegt hat: Schon mehrfach hat er meine Kinder und mich telefonisch bedroht. Und so stehen wir nun seit geraumer Zeit unter polizeilicher Bewachung. Mir bleibt nur, darauf zu warten, daß er gefaßt wird. Ich wünschte, daß ich mit meinem schweren Erbe bereits damals besser fertig geworden wäre. Dann hätten wir eine bessere Chance gehabt. Heute verläuft mein Leben friedlich. Ich habe meine Kinder, eine Wohnung, vor allem sind wir gesund – ich habe gelernt, dieses gewaltlose Leben zu schätzen.

Das Kind in mir wächst heran

Einmal in der Woche treffe ich Dr. Bosch zu einem Gespräch. In mir steckt noch immer ein kleines Kind, das weint und sehnsüchtig darauf hofft, geliebt zu werden. Doch das Kind wächst langsam heran, es wird noch lange dauern, bis ich all das verarbeitet habe, was mich so tief verletzt hat. Doch die Gespräche, die Nähe und Wärme, die ich dabei spüre, geben mir Kraft, mit dem Alltag fertig zu werden.

Ich weiß, daß meine Geschichte auch auf meine Kinder abfärbt. Timo hat Schwierigkeiten mit seinem Sozialverhalten und geht in die Spieltherapie. Er bräuchte eine ausgeglichenere Mutter und vielleicht auch einen liebevollen Vater. Tina ist sehr schutzbedürftig und anhänglich. Ihre Lieblingsbeschäftigung ist das Duschen mit der Mama – und mich kostet es jedesmal wieder eine ungeheure Überwindung, mich vor ihr auszuziehen oder gar ihre kleine Händchen auf der nackten Haut zu spüren. Ich gebe mein Bestes – und meine Kinder machen mir auch viel Freude: Tina geht mit Begeisterung in den Kindergarten und Timo in die Grundschule. Aber ich habe Angst, daß mein Bestes nicht ausreicht.

Einmal in der Woche treffe ich mich mit einer Psychologin in einer psychosomatischen Klinik. Es gibt sogar einen Platz für eine stationäre Therapie, doch ich kann und will mich nicht schon wieder von meinem Zuhause und von meinen Kindern trennen. Ich brauche die Nähe meines Arztes und glaube, daß das im Augenblick für mich der einzige Weg ist, mit meinen Problemen fertig zu werden. Ich arbeite daran, meine Berührungsängste, meine Unsicherheit und Kontaktarmut zu verlieren. Ich bin noch immer sehr mißtrauisch, und oft habe ich Herzstechen und Kopfschmerzen. Das Lachen fällt mir schwer, und ich leide regelmäßig unter Depressionen. Ab und zu habe ich Selbstmordgedanken.

Seit einiger Zeit habe ich eine Umschulung begonnen, die mich sehr viel Kraft kostet. Trotzdem werde ich nicht aufgeben. Ich weiß, daß meine Kinder eine liebevolle Mutter brauchen, und habe gelernt, daß es auf der Welt nicht nur Gewalt, sondern auch sehr viel Liebe und Hilfsbereitschaft gibt. Dr. Bosch ist wie ein Vater für mich. Nie würde ich ihn oder meine Kinder durch einen Suizid enttäuschen. Der Berg vor mir ist hoch, aber ich habe nicht das Recht, aufzugeben. Meine Kindheit ist unwiederbringlich vorbei, nichts kann mehr nachgeholt werden, aber jetzt habe ich den freien Blick auf meine Geschichte und kann mein Leben selbst gestalten. Ich werde es schaffen. Irgendwann wird das weinende Kind in mir herangewachsen sein und sagen: „Es hat sich gelohnt, heute bin ich glücklich, die Gegenwart hat die Vergangenheit eingeholt, und ich lebe gern."

Nachwort

von Irene Johns

„Ich kann diesem Schatten nicht entrinnen ..." (Gunda)

Mit ihrem Buch stellt Gunda, inzwischen dreißig Jahre alt geworden, Realität her. Die leidvollen Erfahrungen, die sie hat machen müssen und über die sie jahrelang geschwiegen hat, sind jetzt ausgesprochen und damit nicht länger in den Bereich der Phantasie zu verdrängen. Es entsteht nun das klare Bild eines Mädchens – Gunda –, das in ihrer Familie von den nächsten Bezugspersonen abgelehnt, mißhandelt und sexuell mißbraucht wurde. Da sie als Kind aufgrund ihrer Entwicklung gelernt hat, Wahrnehmungen auszublenden, Bedürfnisse nicht zu äußern, Gefühle nicht zu fühlen, Grenzen nicht zu setzen, wird sie auch als erwachsene Frau wieder Opfer körperlicher und sexueller Gewalt. Hier spricht eine Frau aus, was Tausende von Kindern und erwachsenen Frauen täglich erleiden. Körperliche und sexuelle Kindesmißhandlung sind in unserer Gesellschaft kein Einzelschicksal, sondern ein ernstes, umfangreiches Problem. Ernst vor allem deshalb, weil körperliche und sexuelle Mißhandlung die Entwicklung eines Kindes in gravierender Weise beeinträchtigt und zu schweren Störungen im Kindes-, Jugend- und späteren Erwachsenenleben führen kann (vgl. Literatur-Liste Nr. 5,6,23, 10,7,8,13,28,29). Umfangreich, weil in der Bundesrepublik Deutschland allein die Kriminalstatistik für 1990 – hier beziehe ich mich noch auf die alten Bundesländer – 1350 meist schwere körperliche Kindesmißhandlungen und etwa 16000 sexuelle Mißhandlungen aufweist. Aufgrund der Dunkelzifferschätzung muß man daher davon ausgehen, daß über 3 Prozent aller Kinder von meist schweren Mißhandlungen betroffen sind. Werden auch die in den offiziellen Statistiken nicht genannten seelischen Mißhandlungen und psychosozialen Vernachlässigungen berücksichtigt, so sind nach Aussagen von Fachleuten weitere 10 bis 15 Prozent an Kindern zu nennen, die unter familialer Gewalt leiden müssen (17).

Erschüttert über das ungeheuere Ausmaß an Leiden des Kindes und der erwachsenen Frau, stellt sich die Leserin immer wieder die Frage, wie kann es sein, daß Eltern ihre Kinder seelisch, körperlich und sexuell mißhandeln? Was sind das für Menschen? Sind sie Monster, sind sie krank? Wir entrüsten uns moralisch und schaffen es dadurch, uns von dem Schrecklichen zu distanzieren, das Leid nicht an uns heranzulassen. Es sind die *anderen* – die anderen Eltern, die andere Familie, die andere Gesellschaftsschicht. Es ist nicht mehr – wie noch zu Gundas Kinderzeiten – tabuisiert, darüber zu sprechen, daß es Kindesmißhandlung gibt. Selbst das Reden über sexuelle Mißhandlung ist kein Tabu mehr. Mit einem ganz starken Tabu belegt ist jedoch, zu thematisieren, daß körperliche und sexuelle Mißhandlung auch bei uns geschieht, in *unserer* Gesellschaftsschicht, unserer Berufsgruppe, schlimmstenfalls in der Einrichtung, in der wir arbeiten, in unserem Kolleg(inn)enkreis oder in unserer eigenen Familie. Dieses Tabu ist ein Denkverbot, das uns kurzfristig hilft, mit unserer Ohnmacht, Hilflosigkeit und unseren Ängsten klarzukommen. Langfristig verhindert es, daß wir lernen zu verstehen, was Gewalt in der Familie wirklich bedeutet. Die Autorin bricht dieses Tabu, indem sie über ihre Situation als mißhandeltes Kind nachdenkt und dieses Nachdenken öffentlich macht.

Gunda schreibt aus ihrem Erleben als Kind. Der prügelnde Stiefvater und später der sexuell mißhandelnde Vater werden nur in ihren Auswirkungen auf sie erfaßt. Ihr Verhalten hat jedoch Gründe, die dem Kind verborgen bleiben, uns jedoch als Frage bedrängen. Wie kommt es, daß Eltern ihre Kinder mißhandeln? Es sind viele Faktoren, gesellschaftliche, familiäre und individuelle, die letztlich dazu führen, daß es zur Gewalt gegen Kinder kommt. Dazu gibt es umfangreiche

Literatur (2,3,14,15 und Veröffentlichungen des Deutschen Kinderschutzbundes). Auch in Gundas Fall gibt es einige Hinweise auf den Hintergrund, vor dem es zur körperlichen Mißhandlung durch ihren Stiefvater sowie zur seelischen Mißhandlung durch ihre Mutter gekommen ist. Gunda ist ein ungewolltes Kind, abgelehnt zum Zeitpunkt der Schwangerschaft. Sie verbringt die ersten Lebensjahre in einem Heim. Aufgrund der frühen Trennung konnte sich zwischen Mutter und Tochter eine gefühlsmäßige Bindung nicht entwickeln. Untersuchungen weisen darauf hin, daß Kinder, die nicht angenommen werden, weil sich die Beziehung zwischen Eltern und Kindern z.B. wegen eines frühen Klinik- oder Heimaufenthaltes nicht entwickeln konnte, und Kinder, die unerwünscht sind, ein erhöhtes Risiko tragen, mißhandelt zu werden (1,24).

Die Autorin deutet an, daß zwischen den Eltern Partnerkonflikte bestehen. Doch statt sich mit ihren Konflikten auseinanderzusetzen, wird Gunda von Mutter und Stiefvater zum Sündenbock der Familie gemacht. Ihr wird die Verantwortung aufgebürdet für alles, was in der Familie schiefgegangen ist. Selbst die Verantwortung für die Mißhandlung übertragen die Eltern dem Kind und sehen ihr Handeln lediglich als Reaktion auf das Verhalten des Kindes. Auch das haben viele Familien, in denen es zur Gewalt gegen Kinder kommt, gemeinsam. Mutter und Stiefvater erwarten von Gunda viel Verantwortungsübernahme: Sie muß die Mutterrolle für die Stiefschwester, Haushaltspflichten übernehmen. Hier wird deutlich, daß die Grenzen zwischen den Generationen unklar sind und die Eltern sehr hohe Erwartungen an ihr Kind haben. Die Familie von Gunda scheint eher isoliert zu leben mit wenig Freunden oder Bekannten. Damit fehlt ihnen eine naheliegende Möglichkeit, sich während einer Krise Hilfe zu holen. Im Buch erfahren wir nichts über die emotionalen Erfahrungen der Eltern in ihrer eigenen Kindheit. In der Literatur finden sich jedoch viele Hinweise, daß mißhandelnde Eltern häufig selber eine unzureichende elterliche Betreuung erfahren haben oder als Kind selbst mißhandelt worden sind (22,25,27). Wir erfahren auch kaum etwas über die sozioökonomische Situation der Familie, über Wohnung, Beruf, finanzielle Situation. Dies zeigt aber auch: Solche Erfahrungen sind nicht an eine bestimmte Schicht gebunden. Erklären kann die Autorin das Verhalten ihrer Mutter und des Stiefvaters nicht. Auch die Hintergründe der sexuellen Mißhandlung durch den Vater liegen für sie nicht offen. Warum der Vater von Gunda sein Kind sexuell mißhandelt, darüber kann die Leserin allenfalls Vermutungen anstellen. Die Frage nach dem „Warum" ist für die Autorin, die sich mit der Gewalt auseinandersetzen muß, nicht wichtig. In der allgemeinen Diskussion zu der Problematik der sexuellen Mißhandlung finden sich vielfältige Erklärungsversuche (2,16,21).

Anschaulich wird in dem Bericht der Autorin jedoch die Lage des Kindes beschrieben, wie es in die Mißhandlungssituation geraten ist, wie es sich während der sexuellen Mißhandlung fühlt und mit welchen Ängsten es allein fertig werden muß: Gunda entscheidet sich mit dreizehn Jahren, ihren leiblichen Vater aufzusuchen in der Hoffnung, endlich ihre Sehnsucht nach wenigstens einem liebevollen Elternteil doch noch realisiert zu sehen. Der Vater scheint ihr all die Zuwendung und Anerkennung entgegenzubringen, auf die sie bisher so vergeblich gehofft hat. Doch als sie sich von ihm angenommen und bei ihm sicher fühlt, wird sie von ihm sexuell mißhandelt. Das Mädchen macht die Erfahrung größter Hilflosigkeit, Ungeschütztseins und Orientierungslosigkeit. Das sind Gefühle, die jedes mißbrauchte Kind durchmacht, wie ich in Gesprächen mit betroffenen Kindern und Frauen immer wieder erfahre. Der berechtigte Wunsch des Kindes nach Anerkennung und Zärtlichkeit wird ausgenutzt. Das Kind wird vom Vater zur sexuellen Pseudopartnerin gemacht. Gleichzeitig ist er als Vater jedoch Autoritätsfigur. Das sind für das Kind verwirrende Widersprüche. In

144

Gundas Beschreibung der ersten sexuellen Mißhandlung, einer versuchten vaginalen Vergewaltigung und vermutlich anschließendem Oralverkehr durch den Vater, wird sehr deutlich noch ein anderer Aspekt erkennbar, der für die Kinder diese bedrohliche Erfahrung verwirrend macht. Der Vater verändert sich, er wird vom zärtlichen, freundlichen Vater für sie übergangslos zum rücksichtslosen, gewalttätigen Mann. Er wird z.B. auch durch seine Stimme, die sich durch die sexuelle Erregung, für sie als Kind völlig unerklärlich, merkwürdig verändert, zu einem anderen. Nach der sexuellen Mißhandlung ist er wieder der zärtliche, freundliche Vater, der sich verhält, als habe der brutale Sexualakt gar nicht stattgefunden.

Wie versucht ein Kind diese bedrohliche und widersprüchliche Erfahrung in sein Leben zu integrieren, um weiterleben zu können? Gunda greift auf alte Techniken zurück, die sie schon früher gelernt hat: Sie spaltet unerträglich gewordene Gefühle wie Schmerzen und Traurigkeit ab. Sie reagiert mit selbstzerstörerischem Verhalten, wie Suizidgedanken, Selbstverstümmelung, und fügt sich selbst Schmerzen zu. Sie entwickelt auch neue Techniken: Sie verdrängt und verleugnet alles, was während der sexuellen Mißhandlung mit ihr geschieht, indem sie an etwas anderes denkt und sich vorstellt, sie sei nicht in ihrem Körper. Langfristig können diese Bewältigungsversuche zu erheblichen psychischen Beeinträchtigungen und Erkrankungen führen.

Sehr typisch ist das Verhalten des Vaters: Er verpflichtet sie unter schwerer Strafandrohung zur Geheimhaltung (13,19). Er setzt zu seinem Vorteil seine väterliche Autorität ein und vergrößert die Angst des Kindes. Der Vater geht noch einen Schritt weiter. Er rechtfertigt die sexuelle Mißhandlung durch Eigenschaften, die er Gunda zuschreibt. Er sagt, sie errege ihn, bei anderen Mädchen habe er das Gefühl nicht. Damit leugnet er seine Verantwortung und macht das sexuell mißhandelte Kind selbst für die Tat verantwortlich, indem er seine sexuellen

Übergriffe lediglich als Reaktion auf das Verhalten seiner Tochter darstellt. Der Vater versucht, sich seiner Verantwortung zu entledigen, und schreibt Gunda die Schuld zu.

Gunda nimmt diese Definition der Situation in gewisser Weise an. Damit wiederholt sie etwas, was schon die Sechsjährige erlebt hat und was sie als erwachsene Frau wieder erfahren wird: Sie fühlt sich schuldig als Kind von sechs Jahren, nachdem sie von ihrem Stiefvater gnadenlos geschlagen worden ist, und als erwachsene Frau nach einer Vergewaltigung und schweren körperlichen Verletzungen durch den leiblichen Vater. Dies scheint zunächst unbegreiflich. Woher rühren diese Schuldgefühle, die immer wieder von körperlich und sexuell mißhandelten Kindern auch in ihrem späteren Erwachsenenleben geschildert werden? Die Kinder sind durch die traumatischen Ereignisse zutiefst verwirrt. Sie glauben – wie Gunda –, sie hätten die Mißhandlung verhindern können, sie seien schuld, schlecht, böse. Sie fühlen sich verantwortlich für das Geschehene. Sie meinen, wenn sie nur fleißiger, netter gewesen wären, sich mehr angestrengt hätten, dann hätten die Eltern sie liebgehabt und nicht mißhandelt. Mit diesen Deutungen, die aus der kindlichen Perspektive Sinn machen, kann das Kind die Hoffnung aufrechterhalten, letztendlich doch noch irgendwann von den Eltern geliebt zu werden. Man kann also sagen, das Kind ist aus reiner Selbsterhaltung gezwungen, die böse, strafende Seite der Eltern zu leugnen und sie statt dessen sich selbst zuzuschreiben: „Da meine Eltern nicht schlecht sein können, bin ich schlecht." Mit dieser Zuschreibung wird die Wut gegen die Eltern unterdrückt. Die Vorstellung, schlecht zu sein, und die damit verbundenen Schuldgefühle werden in das eigene Selbstbildnis aufgenommen und verankert (in der Literatur auch als „Identifikation mit dem Aggressor" beschrieben – Ferenczi 1932). Folgen dieser Verarbeitung des Erlebten sind noch im Erwachsenenalter Schuldgefühle, Scham, Selbsthaß, Depressionen, selbstzerstörerisches Verhalten.

Und nirgends Hilfe?

Über körperliche und sexuelle Kindesmißhandlung als Thema zu sprechen ist heute nicht mehr tabu. Aber die Wege für mißhandelte Kinder sind immer noch stark geprägt von Unsicherheiten und Ängsten der Umwelt: der Nachbarn, der Verwandten, aber auch all derjenigen, die beruflich mit Kindern zu tun haben. Das hat viele Gründe. Im Bereich der sexuellen Mißhandlung können wir zurückblicken auf eine lange Geschichte der gesellschaftlichen Verdrängung. Zwei Marksteine will ich nennen: Ende letzten Jahrhunderts widerruft Freud auf Druck der Fachwelt seine Theorie (12), daß die Symptomatik der Hysterie bei Frauen ihre Ursache in früheren Inzesterfahrungen habe. 1932 wird der Psychoanalytiker Ferenczi fast für geisteskrank erklärt, als er seine Arbeit zum Thema der sexuellen Kindesmißhandlung vorlegt (11). Wir – die Mitarbeiterinnen und Mitarbeiter eines Kinderschutz-Zentrums – stellen immer wieder fest, daß heute noch gesellschaftliche Vorurteile und Mißverständnisse über sexuelle Mißhandlungen unsere Einstellungen prägen und uns blind machen können dafür, zu sehen, daß Kinder sexuell mißhandelt werden und Frauen noch als Erwachsene unter den Folgen leiden und unserer Hilfe bedürfen.

Entgegen früherer Annahmen müssen wir heute davon ausgehen, daß bei der Mehrzahl der Kinder der Mißbrauch bereits im Kindergarten und Grundschulalter beginnt. Wie auch Gunda müssen Kinder, die Opfer sexueller Gewalt werden, die Mißhandlung meist jahrelang erleiden. Bei der Mehrzahl der Kinder besteht ein naher Verwandtschafts- bzw. Beziehungsgrad des mißhandelnden Erwachsenen. 50–60 Prozent der Erwachsenen sind – wie bei Gunda – in einer Vaterrolle für die Kinder – Väter, Stiefväter und Freunde der Mutter. Betroffen von sexueller Mißhandlung sind Mädchen und Jungen (60–80 Prozent Mädchen, 20–40 Prozent Jungen). Die mißhandelnden Erwachsenen sind in der Regel Männer, aber nach neuerem Erkenntnisstand in geringer Zahl auch Frauen (4,9,13,20).

In der Zeit, als Gunda ein Kind war, waren die Erkenntnisse über Kindesmißhandlung, insbesondere über sexuelle Miß-handlung, noch erheblich geringer als heute. Insofern hat sich also etwas verändert. Wir verfügen über ein breiteres Wissen im Bereich der körperlichen und sexuellen Mißhandlung. Wenn es jedoch um Reaktionen geht auf die Vermutung, ein Kind könnte körperlich oder sexuell mißhandelt worden sein, dann fallen nicht nur Eltern oder Nachbarn und Freunde, sondern auch professionelle Helfer(innen) in ähnliche Reak-tionsmuster zurück. Sie handeln entweder überstürzt ohne Absprache mit anderen, ohne Rücksprache mit dem Kind, oder es geschieht gar nichts. Mann oder Frau hoffen, sich nur getäuscht zu haben.

Kinder reagieren heute, ähnlich wie Gunda, in fataler Weise auf die Ängste und Unsicherheiten der Erwachsenen, indem sie Verantwortung übernehmen. Die Autorin schreibt: „Wohl versuchen Lehrer ... mein Vertrauen zu gewinnen, doch ich war mißtrauisch und verstockt" und „Diese verstörten ... Blicke werde ich nie vergessen. Ich empfand Mitleid mit den beiden (Lehrerinnen – Anmerkung der Verfasserin) und hätte sie am liebsten getröstet." Bei der ersten Äußerung ist Gunda acht Jahre, bei der zweiten zwölf Jahre alt. Wie in der Familie, stellt sich auch in der Schule die Frage: Wer ist hier das Kind – wer der Erwachsene? Die Rollen sind unklar.

Viele Erzieher(innen) und Lehrer(innen) fühlen sich über-fordert im Umgang mit mißhandelten Kindern. Sie denken, daß nur noch Therapie diesen Kindern helfen kann. Wie wichtig jedoch gerade kleine Hilfestellungen sind, wird deutlich am Beispiel des Mathematiklehrers von Gunda bei ihrem Heimaufenthalt mit acht Jahren. Bei ihrem Stiefvater mußte sie Aufgaben rechnen, die sie aufgrund ihres Alters nicht lösen konnte. Für das vorprogrammierte Mißlingen wurde sie bestraft. Eine ausgeprägte Leistungsschwäche im

Bereich des Rechnens war die Folge. Der Mathematiklehrer hat die Verknüpfung von Rechnen, Mißerfolg und Prügel aufgelöst, indem er seine professionelle Autorität liebevoll einsetzt. Das ist eine Form der „Nachbeelterung", wie sie durchaus in der Schule ihren Platz hat und, wenn es notwendig erscheint, in einer Therapie weitergeführt werden könnte (18).

Erwachsene, die ein Kind vor weiterer körperlicher und sexueller Mißhandlung schützen wollen, machen oftmals eine verwirrende Erfahrung: Das Kind reagiert nicht dankbar, es gibt sein Leiden nicht preis, sondern es reagiert zurückhaltend, ja ablehnend. Für sein Verhalten hat das Kind gute Gründe, wie die Geschichte von Gunda zeigt: Sie will zwar, daß die Mißhandlung aufhört. Sie will aber nicht die Trennung von den Eltern. Sie hat die Erfahrung gemacht, daß Eltern mehr geglaubt wird als Kindern und andere Erwachsene sich von dem freundlichen Verhalten und dem Bild, das die Eltern nach außen abgeben, ablenken lassen. Aufgrund ihrer Schuldgefühle, d.h. ihrer Sicht der Dinge, sind die Zeichen ihrer Verletzung ein Beleg für ihre eigene Bösartigkeit, nicht für die der Eltern. Daher muß sie dringend vermeiden, daß jemand diese Zeichen zu Gesicht bekommt. Hinzu kommt die Verpflichtung zur Geheimhaltung durch den Vater. Kinder brauchen Erwachsene, die ihr Verhalten verstehen können – auch wenn es widersprüchlich erscheint. Kinder, die in einer so schwierigen Situation leben und sich dadurch so verschlossen haben, brauchen Erwachsene, die ihnen Zeit lassen und ihnen Vertrauen entgegenbringen.

Aber nicht nur die Kinder, auch die Eltern der Kinder brauchen Hilfe. Erhalten Eltern in der Zeit, in der ihr Kind in einem Heim ist, kein Hilfsangebot oder nehmen sie dieses nicht an (lebenspraktische Hilfen wie auch Beratungsangebote), so ist zu erwarten, daß das Kind – wie Gunda – sich bald wieder in der gleichen Mißhandlungssituation befinden wird wie vorher. Zeit alleine heilt nicht.

Gunda ist heute eine erwachsene Frau, die nach Wegen sucht, mit ihrem Problem fertig zu werden. Zunächst verschließen ihr auch als erwachsene Frau Scham- und Schuldgefühle, Selbsthaß und Selbstzweifel den Weg, sich aktiv Hilfe zu holen. Mit ihrer Trennung von den Eltern im Alter von neunzehn Jahren wagt sie den Versuch, mehr Selbständigkeit und Eigenverantwortlichkeit zu entwickeln. Sehr bald begibt sie sich jedoch wieder in neue Abhängigkeit. Die Art, wie sie beide Beziehungen zu einem Mann angeht, zeigt, wie sehr sich ihr Verhaltensmuster schon verfestigt hat. Signale, die auf grenzüberschreitendes (im Falle von Arno) oder auf gewalttätiges Verhalten (im Falle von Stefan) hinweisen, nimmt sie zwar frühzeitig wahr, blendet sie dann aber aus. Sie gerät erneut in Beziehungen, in denen sie wieder mißbraucht und mißhandelt wird (26). Gunda geht ihre erste Ehe mit einem Mann ein, der homosexuell ist, dies allerdings vor ihr geheimhält. Sie beschreibt ihn von ihrer ersten Begegnung an als sehr vereinnahmend, ohne in sexueller Hinsicht bedrängend zu sein. So ermöglicht ihr zwar seine Homosexualität – unbewußt – in einer Beziehung zu leben, ohne Angst vor körperlicher Nähe, sexueller Intimität und damit erneuter sexueller Gewalterfahrung haben zu müssen. Aber sie findet sich in einer Beziehung wieder, in der sie für die Zwecke eines Mannes psychisch ausgenutzt und miß- braucht wird. Sie trennt sich trotz schwerer Schuldgefühle und geht eine zweite Ehe ein. Wieder übersieht sie warnende Hinweise und fühlt sich überrascht von der Gewalttätigkeit und dem Alkoholkonsum ihres Mannes. Die gleichen Gefühle wie als Kind: Schuldgefühle und die kindliche Hoffnung, es werde sich noch alles ändern, halten sie lange in der Beziehung, in der sie brutal mißhandelt wird. Obwohl sie Angst vor Körperkontakt und Sexualität hat, schläft sie mit ihrem Mann, um schwanger zu werden. Dieser Kinderwunsch scheint zunächst von der gleichen kindlichen Hoffnung getragen, daß ein Kind alles gutmachen werde.

Mit der endgültigen Trennung aus der zweiten Ehe wagt Gunda mit ihren Kindern erneut die Abgrenzung und Selbständigkeit. Mut schöpft sie vor allem aus der Unterstützung einer Sozialarbeiterin und eines Arztes. Dies sind die ersten Menschen in ihrem Leben, die auf die Berichte über ihr Erleben in produktiv unterstützender Weise reagieren. Sie hören zu, rücken nicht weg, geraten nicht in Panik. Diese Haltung ermöglicht Frauen, die als Kind Gewalt erfahren haben, nicht gleich in ihre alten Verhaltensmuster zurückzufallen. Sie eröffnen Gunda den Weg, sich mit ihrem „weinenden Kind" zu befassen, mit ihren kindlichen Verletzungen und Ängsten, aber auch mit ihren Wünschen und Bedürfnissen. Der Arzt – Papa Bosch, wie Gunda ihn nennt – wird nach den Schilderungen der Autorin für sie zum Träger der Sehnsucht nach dem wahren Vater, einem Vater, der Schutz gibt und seine Macht nicht mißbraucht. Eine Sehnsucht, die nach den Erfahrungen anderer Frauen – häufig enttäuscht wird. Nicht jede Frau findet einen „Papa Bosch". Für Gunda scheint es gut zu sein, daß sie auf „Papa Bosch" trifft. Viele Frauen werden sich als Therapeutin und Begleiterin eine Frau suchen, weil sie sich besser verstanden fühlen und es ihnen leichter fällt, mit Frauen über Sexualität und sexuelle Gewalt zu sprechen.

Eine Frau, die sich mit ihrer Problematik auseinandersetzen will, steht zunächst vor einer Reihe von Fragen: Brauche ich überhaupt eine Therapie, welche Möglichkeiten der Therapie gibt es, welche Therapie ist für mich sinnvoll, zu welchem Therapeuten oder welcher Therapeutin kann ich gehen? Diese Fragen kann sie sinnvoll für sich nur beantworten, wenn sie die Möglichkeit hat, sie mit einer professionellen Helferin zu besprechen. Es gibt inzwischen viele Beratungsstellen vor Ort, die weiterhelfen. Für viele Frauen hat es sich bewährt, in Verbindung mit Einzeltherapie eine Selbsthilfegruppe zu besuchen. Gruppen bieten betroffenen Frauen eine alternative Erfahrung an zu ihrer Isolation und dem Bewußtsein, stigmatisiert zu sein. Selbsthilfegruppen bieten einen gesicherten Rahmen, um mit anderen Frauen, die ähnliches erlitten haben, über vieles sprechen zu können, was bisher unsagbar schien.

Wichtig ist: Zeit alleine heilt nicht.

Literatur

1. *Altemeier, W. A./O'Connor, J./Vietze, P. M./Sandler, H. M./Sherod, K. M.:* Antecedents of child abuse. J. Pediatr. 100, 823–829, 1982.
2. *Backe, L./Leick, N./Merrik, J./Michelsen, N.* (Hrsg.): Sexueller Mißbrauch von Kindern in Familien, Köln 1986.
3. *Bast, H./Bernecker, A./Kastien, I./Schmitt, G./Wolff, R.* (Hrsg.): Gewalt gegen Kinder, Kindesmißhandlungen und ihre Ursachen, Hamburg 1982.
4. *Bentovim, A./Elton, A./Hildebrand, J./Tranter, M./Vizard, E.* (Hrsg.): Child Sexual Abuse within the Family. Assessment and Treatment, London 1988.
5. *Brière, J./Runtz, M.:* Symptomatology associated with childhood sexual victimization in a non-clinical adult sample. Child Abuse & Neglect, Vol. 12, 51–59, 1988.
6. *Briére, J./Runtz, M.:* Multivariate Correlates of childhood psychological and physical maltreatment among university women. Child Abuse & Neglect. Vol. 12, 331–341, 1988.
7. *Deblinger, E./Mc.Leer, S. V./Atkins, M. S./Ralphe, D./Foa, E.:* Post-traumatic stress in sexually abused, physically abused and nonabused children. Child Abuse & Neglect, Vol. 13, 403–408, 1989.
8. *Draijer, N.:* Die Rolle von sexuellem Mißbrauch und körperlicher Mißhandlung in der Ätiologie psychischer Störungen bei Frauen. System Familie, Bd. 3, 59–73, 1990.
9. *Dubé, R./Herbert, M.:* Sexual abuse of children under 12 years of age: A review of cases. Child Abuse & Neglect, Vol. 12, 321–330, 1988.
10. *Egeland, B./Sroufe, L. A./Erickson, M.:* The developmental consequences of different pattern of maltreatment. Child Abuse & Neglect, Vol. 7, 459–469, 1983.
11. *Ferenczi, S. (1932):* Sprachverwirrung zwischen den Erwachsenen und dem Kind. In: Ferenzczi, S.: Bausteine zur Psychoanalyse, Bern 1984.
12. *Freud, S. (1886):* Zur Ätiologie der Hysterie. Studienausgabe Bd. VI, Frankfurt 1982.
13. *Fürniss, T.:* Diagnostik und Folgen von sexueller Kindesmißhandlung. In: Die Frauenministerin des Landes Schleswig-Holstein/Kinderschutz-Zentrum Kiel (Hrsg.): Sexuelle Mißhandlung von Kindern. Dokumentation der Fachtagung 1989, 14–19, Kiel 1990.

14. *Gelles, R. J./Cornell, C. P.:* Intimate Violence in Families. Beverly Hills, Calif. 1985.

15. *Honig, Michael S.:* Verhäuslichte Gewalt. Sozialer Konflikt, wiss. Kontrakte, Alltagswissen, Handlungssituationen, eine Explorativstudie über Gewalthandeln von Familien, Frankfurt 1986.

16. *Horton, A. L./Johnson, B. L./Roundy, L. M./Williams, D. (Hrsg.):* The Inzest Perpetrator A Family Member No One Wants To Treat, London 1990.

17. *Hurrelmann, K.:* D.F.G. – Mitteilungen, 1/1989.

18. *Johns, I.:* Eine Langzeitgruppe für sexuell mißhandelte Kinder – auf dem Wege, wieder Kind zu sein. Vortrag gehalten auf dem 8. Internationalen Kongreß über Kindesmißhandlung und Vernachlässigung. Hamburg, September 1990.

19. *Johns, I.:* Sexuelle Kindesmißhandlung in der Familie und deren Folgen. In: Brückenschlag, Schwerpunktthema: Sexuelle Mißhandlung in der Kindheit – Psychiatrisierung als Konsequenz? Heft 6, 27–35, 1990.

20. *Johns, I.:* Drei Jahre Modellprojekt: Sexuelle Mißhandlung von Kindern im familiären Umfeld. In: Die Frauenministerin des Landes Schleswig-Holstein/ Kinderschutz-Zentrum Kiel (Hrsg.): Sexuelle Mißhandlung von Kindern. Dokumentation der Fachtagung 1989, 9–13, Kiel 1990.

21. *Kavemann, B./Lohstöter, I.:* Väter als Täter. Sexuelle Gewalt gegen Mädchen. Erinnerungen sind wie eine Zeitbombe. Hamburg 1984.

22. *Kempe, C. H./Kempe, R. S.:* Kindesmißhandlung, Stuttgart 1980.

23. *Kempe, C. H./Silverman, F. N./Steele, B. F./Droegemüller, W./Silver, H. K.:* The battered child syndrome. Journal of American Medical Association 181: 17–21, 1962.

24. *Lynch, M. A./Roberts, J.:* Predicting child abuse: signs of bonding failure in the maternity hospital. Br. Med. Journal 1, 624–626, 1977.

25. *Roberts, J.:* Why Are Some Families More Vulnerable to Child Abuse? In: Browne, K. u.a. (Hrsg.): Early Prediction and Prevention of Child Abuse, 43–56, London 1988.

26. *Russell, D. E. H.:* The secret trauma: Incest in the lives of girls and women. New York 1986.

27. *Spinetta, J. J./Rittler, D.:* The child abusing parent. A psychological review. Psychological Bulletin 77, 296–304, 1972.

28. *Steele, B. F./Alexander, H.:* Long Term Effects of Sexual Abuse in Childhood. In: Beezley-Mrasek, P./Kempe, C. H. (Hrsg.): Sexually Abused Children and their Families, 223–233, Oxford 1981.

29. *Stein, J. A./Golding, J. M./Siegel, J. M./Burnam, M. A./Sorenson, S. B.:* Long-term psychological sequelae of child sexual abuse. In: Wyatt, G. E./Powell, G. J. (Hrsg.): Lasting effects of child sexual abuse, 135–154. London 1988.

30. *Wirtz, U.:* Seelenmord. Inzest und Therapie, Zürich 1989.

Frauen heute: sanft und rebellisch

Christine Swientek
Mit 40 depressiv, mit 70 um die Welt
Wie Frauen älter werden
Band 4010

Älterwerden nicht als Last, sondern als Lust und Chance. Frauen
erzählen, was dabei zu gewinnen ist.

Dietmar und Irene Mieth
Schwangerschaftsabbruch
Die Herausforderung und die Alternativen
Band 4016

Frauenlexikon
Wirklichkeiten und Wünsche von Frauen
Hrsg. von Anneliese Lissner, Rita Süssmuth, Karin Walter
Mit einem aktuellen Beitrag zur Situation der Frauen in den
neuen Bundesländern von J. Gysi und G. Winkler
Band 4038

Kompetent, engagiert, wegweisend: das umfassende Standardwerk zum
Thema Frau. „Der Konsens fortschrittlicher Frauen" (Publik-Forum).

Ulli Olvedi
Frauen um Freud
Die Pionierinnen der Psychoanalyse
Band 4057

Stärken und Schwächen, aber auch weibliche Neuansätze der
Psychoanalyse. Von Anna Freud bis Karen Horney.

Sabine Brodersen
Inge
Eine Geschichte von Schmerz und Wut
Band 4059

Zwei junge Frauen. Eine Krankenschwester wird die Bilder von Inges
Operation nicht los. Mitreißend intensiv und hautnah erzählt.

HERDER / SPEKTRUM

Marina Schnurre/Renate Kreibich-Fischer
Ich will fliegen, leben, tanzen
Zwei Frauen arbeiten mit Krebskranken
Band 4066
Ein zärtliches Buch der Hoffnung: Zwei Frauen helfen krebskranken
Menschen, mit ihrer Krankheit zu leben.

Saliha Scheinhardt
Drei Zypressen
Erzählungen über türkische Frauen in Deutschland
Band 4080
Türkische Frauen zwischen zwei Kulturen. Ein herausforderndes und
sehr politisches Stück Frauenliteratur über das Leben in der Fremde.

Christine von Weizsäcker/Elisabeth Bücking (Hrsg.)
Mit Wissen, Widerstand und Witz
Frauen für die Umwelt
Band 4093
Sie blockieren, demonstrieren und intervenieren. In allen Teilen der
Welt kämpfen engagierte Frauen den Kampf für die Umwelt, gegen
Lobbyisten und Dummheit.

Fatema Mernissi
Der politische Harem
Mohammed und die Frauen
Band 4104
„Fesselnd, mit großer Sensibilität, einer Mischung aus Zurückhaltung
und Kühnheit geschrieben" (Le Figaro).

Barabara Krause
Camille Claudel – Ein Leben in Stein
Roman
Band 4111
Sie war ein Genie und zerbrach an der Ignoranz ihrer Zeit.
Die mitreißende Geschichte eines Lebens gegen jede Konvention.

HERDER / SPEKTRUM

Julie und Dorothy Firman
Lieben, ohne festzuhalten
Töchter und Mütter
Band 4117

Ein einfühlsames, ehrliches Buch für ein geglücktes Verhältnis von Töchtern und Müttern in allen Phasen des Lebens.

Gisela Steineckert
Aus der Reihe tanzen
Ach Mama! Ach Tochter!
Band 4147

Gisela Steineckert spürt der besonderen Beziehung von Frauen nach. Ein engagiertes Stück Literatur gegen jede Form von Anpassung.

Saliha Scheinhardt
Frauen, die sterben, ohne daß sie gelebt hätten
Band 4155

Eine atemberaubende Erzählung über das Schicksal einer jungen türkischen Frau in Deutschland, die um all ihre Hoffnungen betrogen wird.

Ursula Salentin
Ich bleibe Rita Süssmuth
Eine Biographie
Band 4162

Das packende Portrait einer profilierten Politikerin, die sich mit Zivilcourage, Kompetenz und Fairneß für ihre Ziele einsetzt.

Sylvia Curruca
Als Frau im Bauch der Wissenschaft
Was an den deutschen Universitäten gespielt wird
Band 4180

Was frau im männerbesetzten Hochschulalltag so alles erleben kann. Die bissige Abrechnung mit einem zweifelhaften System.

HERDER / SPEKTRUM

Saliha Scheinhardt
Und die Frauen weinten Blut
Erzählungen
Band 4188

Drei Frauenschicksale zwischen türkischen Slums und dem „gelobten Land" Deutschland. „Ein sensibles und eindringliches Buch" (Merkur).

Ruth Salama
Tausendundeine Station
Ein Frauenleben zwischen Berlin und Kairo
Band 4190

Eine starke, faszinierende Frau findet ihren eigenen Weg: Die Liebe zu einem Ägypter läßt sie ausbrechen in eine fremde Kultur.

Helena Norberg-Hodge
Leben in Ladakh
Mit einem Vorwort des Dalai Lama
Band 4204

Mehr als ein Reisebericht. – Die Erfahrungen einer Frau, die im Grenzland Tibets eine alte Kultur neu entdeckt und für ihr Engagement den alternativen Nobelpreis erhalten hat.

Heidi Gidion
Und ich soll immer alles verstehen ...
Auf den Spuren von Müttern und Töchtern
Band 4214

Anhand von Texten großer Dichterinnen erschließt Heidi Gidion mit psychologischem Spürsinn die vielen Nuancen der Mutter-Tochter-Beziehung.

Ina und Peter Heine
O ihr Musliminnen ...
Frauen in islamischen Gesellschaften
Band 4217

Frauen zwischen religiösem Ideal, rechtlicher Einengung und sozialer Realität – ein fundiertes, plastisches Portrait.

HERDER / SPEKTRUM

Kinder verstehen

Irene Johns
Zeit alleine heilt nicht
Was wir wissen müssen, um sexuell mißhandelten Kindern zu
helfen
Band 4216

Das Kind darf mit seiner tiefen Verletzung nicht alleine bleiben. Irene
Johns, Leiterin des Kinderschutzzentrums in Kiel, bietet mit ihrem
sensiblen Buch allen Betroffenen kenntnisreiche Hilfestellung.

Verena Kast
Loslassen und sich selber finden
Die Ablösung von den Kindern
Band 4002

Sich loslassen und sich als Erwachsene neu begegnen. Phasen und
Chancen im Ablösungsprozeß von den Kindern.

Rudolf Dreikurs/Loren Grey
Kinder lernen aus den Folgen
Wie man sich Schimpfen und Strafen sparen kann
Band 4055

Rüdiger Rogoll/Ulrike und Christa Marwedel
Ich mag mein Kind – mein Kind mag mich
Transaktionsanalyse für Eltern
Band 4095

Gelassenheit und Freude im Umgang mit Kindern.

Marianne Arlt
Pubertät ist, wenn die Eltern schwierig werden
Tagebuch einer betroffenen Mutter
Mit einem Nachwort von Christine Swientek
Band 4100

Wenn Kinder „in die Jahre kommen", ist der Familienfrieden dahin.
Marianne Arlt erzählt von heftigen Erfahrungen und wie man mit
ihnen leben kann.

HERDER / SPEKTRUM

Für ein bewußtes Leben

HERDER / SPEKTRUM